S0-ASJ-335

COLECCIÓN PASO A PASO
AUTOAPRENDIZAJE DE LA GRAMÁTICA ESPAÑOLA

EL SUBJUNTIVO 1

PILAR DÍAZ BALLESTEROS
MARÍA LUISA RODRÍGUEZ SORDO

EDITORIAL EDINUMEN

Colección dirigida por:

- **María Luisa Coronado González**
  Escuela Oficial de Idiomas
- **Javier García González**
  Universidad Autónoma de Madrid

© Editorial Edinumen
© Pilar Díaz Ballesteros y M.ª Luisa Rodríguez Sordo

Editorial Edinumen
José Celestino Mutis, 4
28028 - Madrid
Teléfono: 91 308 51 42
Fax: 91 319 93 09
e-mail: edinumen@edinumen.es
www.edinumen.es
ISBN: 978-84-89756-66-3
Depósito Legal: M-49967-2007
Diseño de cubierta: Juanjo López
Diseño y maquetación: Juanjo López y Susana Fernández
Ilustraciones: Juan V. Camuñas y Carlos Casado
Imprime: Gráficas Glodami. Coslada (Madrid)

Prólogo para estudiantes

Los libros de esta colección se han escrito pensando en muchas clases de estudiantes:

a) En ti, que quieres saber cómo funciona la gramática del español, pero no estás interesado en aprender teoría gramatical.

b) En ti, que sabes mucha gramática, pero estás interesado en entender cómo funciona en el uso real.

c) En ti, que quieres descubrir tú mismo las "reglas" que están detrás de la lengua.

d) En ti, que quieres que te expliquen las "reglas" y después aplicarlas.

Por eso, los libros te ofrecen la oportunidad de trabajar de formas diferentes:

— Hay, primero, un *índice* que en realidad son dos índices: primero tienes ejemplos de lo que vas a estudiar, y después el nombre gramatical. Así puedes buscar lo que te interesa de dos formas: si conoces la terminología gramatical, o, si no la conoces y no te interesa, puedes encontrar lo que quieres buscando un ejemplo.

— En segundo lugar, tienes una parte que se llama *¿Qué necesito?* y que te servirá para saber qué apartados del libro necesitas consultar y cuáles no. En *¿Qué necesito?* tienes preguntas sobre todo lo que se estudia en el libro, y después de todas las preguntas están las respuestas. Al lado de las respuestas tienes el número del apartado correspondiente del libro. Esto te permite utilizar el libro de dos formas: o empezando desde la primera página hasta el final, siguiendo el orden, o trabajando solamente con los contenidos que has seleccionado en *¿Qué necesito?*

— Después tenemos los contenidos de este libro. En cada apartado (1.1., 1.2., etc.), la primera actividad o primeras actividades (A, B,...) te permiten descubrir tú mismo la "regla" del tema que estás estudiando; si no quieres hacerlo, puedes consultar directamente la clave de esa actividad al final del libro y después hacer los otros ejercicios.

— Al final están las respuestas (*claves*) de todas las actividades.

Este libro sobre el subjuntivo está dirigido a estudiantes de nivel intermedio, pero puede servir también para repasar a los estudiantes de niveles avanzado y superior. A estos está dedicado el segundo libro sobre el subjuntivo de esta misma colección ("El subjuntivo. Niveles avanzado y superior").

Los autores de los libros son españoles, y por eso el tipo de lengua que se utiliza en ellos es el español de uso mayoritario en España (aunque encontrarás también información general sobre otros usos en América).

Con estos libros puedes seguir tu propio camino para comprender y practicar temas concretos de la gramática española. Esperamos que te sea útil.

Nos gustaría recibir tus comentarios sobre el libro o libros que hayas utilizado, así como sugerencias sobre posibles temas que te interesen y no estén publicados. Puedes enviárnoslos a la editorial Edinumen.

Prólogo para profesores

Aunque el propósito fundamental de esta colección es servir de apoyo al estudiante que, asista o no a clases de español, quiere trabajar la gramática de forma autodirigida, puede también proporcionar ideas a los profesores, especialmente para la presentación de elementos gramaticales.

Los diferentes aspectos de los temas tratados se presentan de forma inductiva, es decir, permiten al alumno descubrir por sí mismo el funcionamiento de la gramática. Por ello, estas actividades de "toma de conciencia" o "reflexión" gramatical son perfectamente trasladables al aula, aunque, en este caso, gracias al trabajo en pareja o en grupo, las actividades se convertirán en verdaderas "tareas formales".

No creemos ni pretendemos hacer creer que sean suficientes la percepción y práctica controlada de elementos gramaticales discretos para lograr su interiorización y posterior utilización en la comunicación. Lo que presentamos es un material que sirva para el aprendizaje de la gramática (entendiendo ésta como una unión de la forma y sus funciones comunicativa, discursiva y pragmática), pero este proceso deberá ir acompañado de otro tipo de instrucción que dé a los estudiantes oportunidades de utilizar con fines comunicativos los elementos formales.

LOS DIRECTORES DE LA COLECCIÓN:

Javier García González y
M.ª Luisa Coronado González

Índice

Prólogo para estudiantes 5

Prólogo para profesores 6

¿Qué necesito? 9

1. **¡Ojalá apruebe! ¡Ojalá me tocara la lotería!**
   (Expresar deseos sobre el presente y el futuro.) **16**

2. **¡Que te diviertas!**
   (*Que* + presente de subjuntivo para formular deseos para el futuro.) **19**

3. **Quiero que vengas. / Espero que te guste. / ¿Quieres que te ayude? /
   Quería que vinieras.**
   (Oraciones sustantivas con subjuntivo para hablar de la voluntad y el deseo
   en presente, futuro y pasado.) **24**

4. **No me gusta que te enfades. / Odiaba que llegara tarde. / ¿Te gusta que
   haya venido? / Me gustará que me estés esperando.**
   (Oraciones sustantivas con subjuntivo para hablar de los gustos personales en
   presente, futuro y pasado.) **33**

5. **Me encantaría que me escribieran.**
   (Oraciones sustantivas para expresar deseos que dependen de un verbo
   principal en condicional.) **40**

6. **¡Qué pena que te vayas! / ¡Fue una lástima que no estuvieras aquí! /
   Siento que no te hayas acordado. / Lamentamos que tenga que volver allí.**
   (Oraciones sustantivas con subjuntivo para hablar de nuestros sentimientos
   respecto a informaciones ya conocidas.) **46**

7. **Le ordeno que venga inmediatamente. / La ley prohíbe maltratar a los
   animales. / Me pidió que lo acompañara. / Yo no permitiría que se hablara
   mal de ti.**
   (Oraciones sustantivas con subjuntivo para expresar peticiones, órdenes,
   prohibiciones y permisos en presente, futuro y pasado.) **51**

8. **Le aconsejo que haga ejercicio. / Es mejor llegar pronto. / Sería bueno que hablarais
   con ella. / ¿Y si fuéramos mañana al cine? / Te aconsejé que no le prestaras dinero.**
   (Oraciones sustantivas con subjuntivo para la expresión de consejos y sugerencias en
   presente, pasado y futuro.) **60**

9. **Necesito que me prestes el coche. / ¿Es necesario que rellene este cupón? /
   No era necesario que me acompañaras. / Necesitaría que me diera el día libre.**
   (Oraciones sustantivas con subjuntivo para la expresión de la necesidad y la obligación
   en presente, pasado y futuro.) **70**

10. **Perdona que llame tan tarde. / Perdona que no te lo haya dicho antes. / Perdona que no te llamara ayer.**
(Oraciones sustantivas con subjuntivo para pedir disculpas en el presente y pasado.) 77

11. **Dice que vayas. / Dijo que lo terminaras.**
(Reproducir las propias palabras o las de otros en subjuntivo.) 81

12. **Yo creo que no está mal. / Comprendo que abran una maleta. / Es inaceptable que no hayan dado explicaciones. / Es inexplicable que lo destrozaran todo. / No sería bueno que se volviera a repetir.**
(Indicativo y subjuntivo en oraciones sustantivas que presentan información o valoran informaciones en presente, pasado y futuro.) 87

13. **No está claro que sea así. / No creo que haya ido. / Es mentira que hubiera bichos.**
(Oraciones sustantivas que presentan información que se niega o se presenta como algo probablemente falso en presente, futuro y pasado.) 96

14. **Quizá esté enfermo. / Tal vez le haya tocado la lotería. / Puede que fuera sola. / Seguramente están en casa.**
(Expresión de la conjetura en presente, pasado y futuro.) 103

15. **Buscamos licenciados que hablen inglés. / No hay quien te aguante. / El que no haya entendido algo que lo diga. / Llámame cuando quieras. / Buscábamos licenciados que hablaran inglés perfectamente.**
(El uso de subjuntivo en las oraciones de relativo.) 109

16. **Cuando vayas a Madrid. / Hasta que quieras. / En cuanto lo supe. / Antes (de) que amaneciera. / Cuando lo hayas terminado.**
(El uso de subjuntivo en las oraciones subordinadas temporales: relación entre dos acontecimientos.) 127

17. **Si bebes, no conduzcas. / Si tuviera dinero, me compraría un yate. / ¿Qué pasaría si se fundieran los Polos? / Como no te comas los macarrones, no tendrás helado de postre. / Podrá llamar siempre que haya saldo.**
(El uso de subjuntivo para expresar condiciones en presente y futuro.) 139

18 **Aunque me gusta mucho, ¿sabes? / Pues aunque esté lejos. / Aunque no pidiera factura. / Pues aunque lo hayas pedido. / Aunque hubiera serpientes pitón.**
(El uso de subjuntivo en oraciones concesivas en presente, futuro y pasado.) 149

19 **Te lo digo para que lo sepas. / Detuvo el vehículo con el fin de que la policía lo inspeccionara.**
(El uso del subjuntivo para expresar la finalidad en el presente y el pasado.) 159

Respuestas 165

Glosario 176

¿Qué necesito?

1 ¿Qué dirías en las siguientes situaciones?

a. Quieres que tu familia te visite durante la Navidad
❑ Ojalá vengan. ❑ Ojalá vendrían. ❑ Ojalá vendrán.

b. Quieres ir a bailar mañana, pero no puedes porque te has roto una pierna
❑ Ojalá pueda. ❑ Ojalá podré. ❑ Ojalá pudiera.

c. Tus vecinos se van de vacaciones
❑ Que lo paséis bien.
❑ Que lo pasáis bien.
❑ Que lo pasaréis bien.

2 Fotografía dedicada. Completa la dedicatoria con el verbo disfrutar.

Eduardo,
Espero que todo este año
_____ con mi juego.

3 Observa estos dos apartados de una encuesta sobre coches. Completa la oración que hay después con los verbos: **consumir, tener.**

A usted le gustan los coches:
❑ seguros
❑ con línea actual
❑ cómodos
☒ con bajo consumo

Si tuviera que elegir entre las siguientes opciones, elegiría un coche:
❑ fácil de aparcar
❑ con línea deportiva
☒ con buen sistema de seguridad
❑ con radio de alta calidad

A la persona encuestada le gusta que su coche _____ poco y le gustaría que _____ un buen sistema de seguridad.

4 Elige las opciones correctas de los paréntesis:

La reina Juana de Castilla era una joven culta, bella y sensual cuando fue a Flandes para casarse con Felipe el Hermoso. El día en que ambos jóvenes se conocieron, se sintieron tan atraídos el uno por el otro que esa misma noche quisieron que un sacerdote los (case / haya casado / casase).

La felicidad de los primeros días pronto desapareció. Como Felipe había sido educado en un ambiente distinto al de su esposa, le parecía normal compartir su cama con otras damas de la Corte, pero eso Juana no lo aceptaba. A ella le molestaba que su marido (prefiere / haya preferido / prefiriese) pasar las noches con otras mujeres menos hermosas, menos cultas que ella, y le dolía profundamente que él la (desprecie / haya despreciado / despreciase) de aquel modo. Su desesperación llegó a tal grado que comenzó a comportarse de manera ciertamente absurda y en la Corte comenzaron a decir que estaba loca.

Aunque era Reina de Castilla por herencia de su madre, Isabel la Católica, nunca le permitieron gobernar. La historia de España la conoce por el nombre de Juana la Loca y hay historiadores que dicen que es una pena que una mujer como ella (pierda / perdiese) la razón por culpa de los celos.

5 El Sr. García trabaja para una empresa de informática. Su jefe le ha citado en el despacho a las 9.30. Completa los textos con el verbo en el tiempo que te parezca más adecuado:

Lunes 9 de Octubre - 9.30 horas

- Necesito que (a) (PREPARAR) _____ esta documentación antes de la firma del contrato con Sergio Ibáñez.
- *¿Cuándo será la firma?*
- Pasado mañana, por eso le pido que se (b) (PONER) _____ a trabajar en ello ahora mismo, deje todo lo demás.

Lunes 9 de Octubre - 9.45 horas

- ¿Departamento de contabilidad?
- *Sí.*
- Soy del departamento de personal, verás, necesitaría que (c) (COMPLETAR) _____ unos formularios para hacer un contrato. Es bastante urgente, así que os pediría que me los (d) (ENVIAR) _____ lo antes posible, si puede ser esta tarde, mejor.

Miércoles 11 de Octubre

- Sr. García, le pedí que (e) (TENER) _____ preparada toda la documentación antes de la firma del contrato.
- *Disculpe pero no he podido terminar porque necesitaba que me (f) (ENVIAR) _____ unos formularios de contabilidad, y aún no los he recibido.*

6 ¿Qué aconsejarías a un amigo que ha suspendido tres veces el examen del carnet de conducir y está a punto de examinarse otra vez?

a. Lo mejor es que (ESTAR) .... tranquilo y no (PENSAR) .... que te estás examinando.

b. ¿Y si (IR, yo) .... contigo para darte ánimos?

c. Sería bueno que lo (DEJAR) .... para dentro de un mes o así, cuando estés más tranquilo.

d. Lo mejor sería que (UTILIZAR) .... el metro y te (OLVIDAR) .... del coche.

7 ¿Qué dirías en las siguientes situaciones?

a. Llegas tarde a una reunión con el director de tu departamento:
❑ Perdone que llego tarde.
❑ Perdone que llegue tarde.
❑ Perdone que he llegado tarde.

b. Tu equipo de trabajo se ha retrasado en la entrega de un informe muy importante, ¿cómo te disculpas ante el jefe cuando por fin se lo entregas?
❑ Perdone que nos hemos retrasado en la entrega del informe.
❑ Perdone que nos hayamos retrasado en la entrega del informe.
❑ Perdone que nos retrasemos en la entrega del informe.

c. No pudiste acompañar ayer a tu madre a su cita con el médico:
❑ Perdona que no te acompañara, es que mi jefe no me dio el día libre.
❑ Perdona que no te acompañé, es que mi jefe no me dio el día libre.
❑ Perdona que no te acompañe, es que mi jefe no me dio el día libre.

d. Uno de tus amigos ha suspendido su examen para entrar en la universidad:
❑ Siento que has suspendido.
❑ Siento que suspendas.
❑ Siento que hayas suspendido.

8 Completa la oración que falta:

a. – Carlos, ¿me pasas la sal, por favor?
– *Luis, ¿qué ha dicho Miguel?*
– Que _____ .

b. – ¡Hola, Marta! Soy yo, Pedro. Oye… Sólo una cosa, que ahora no tengo tiempo. Llévame mañana a clase los apuntes de Psicología, ¿vale?

– *¿Pedro?… ¡Pedro, te oigo fatal!… ¿Qué dices de tu tía?…*

– No, no digo nada de mi tía, digo _____ . A clase. Espera, que te vuelvo a llamar… ¡Te vuelvo a llamar, cuelga!

9 Conjuga los verbos que están entre paréntesis:

– ¿Marta?

– *Ahora sí que te oigo bien, Pedro, ¿qué me decías?*

– Que necesito tus apuntes de Psicología. Son muy buenos… Es que Ramón y yo estamos haciendo un trabajo y nos gustaría consultar algunas cosas. ¿Me los llevas mañana a clase?

– *¡Claro, hombre! Ya te dije que me los **(a)** (pedir) .... si te hacían falta. Mañana te los llevo. Te busco después de las 12.*

– Mira, chico, yo creo que hoy en día un hombre inteligente **(b)** (ser) .... el que sabe decir a la gente lo que la gente quiere escuchar. Y nada más.

– *¡Pero qué cínico eres, Tomás! ¡Ni tú mismo te lo crees!… La verdad, me parece que **(c)** (estar) .... un poco dolido porque le han dado ese puesto que querías al pelota de Juan y no a ti, que eres quien de verdad se lo merece. No creo que **(d)** (estar) .... hablando en serio, ¿verdad?*

10 Di cuáles de las respuestas a las dos preguntas son incorrectas y corrígelas:

Seguro que **(a) sean** más potentes y a la vez más seguros.

¿Cómo crees que eran las casas en la Edad Media?

Tal vez **(d) fueran** más silenciosas.

¿Cómo crees que serán los coches del futuro?

Depende, las casas de los pobres puede que **(e) fueran** poco confortables, pero las de los ricos seguro que **(f) eran** tan cómodas como las de ahora.

Quizá **(b) gasten** menos gasolina.

Puede que los **(c) hacen** mucho más sencillos que ahora.

11 Di si los verbos en negrita están en el tiempo adecuado, y si no, corrígelos:

Tarjeta Visa Repsol

Ahorre dinero
al pagar sus compras

Dinero cuando **quiera** y
donde **quiera**

Es la Tarjeta que le **ofrezca** la
posibilidad de disponer de dinero
en efectivo, cualquier día a cualquier hora, cómodamente, en
más de 40.000 Cajeros Automáticos en España. Y en el extranjero
dispone de miles de Cajeros Automáticos y Oficinas Bancarias con
las marcas VISA y PLUS.

Flexibilidad
de pago

Como cada mes es diferente al
anterior, la Tarjeta Visa Repsol
Oro y Clásica le permite elegir la
modalidad de pago que más le
convendrá en cada momento.
Podrá cambiar la forma de pago
tantas veces como **quiera** en los
Cajeros Automáticos BBVA, en su
Oficina habitual o por teléfono.

Extracto del folleto informativo sobre Tarjeta Visa Repsol del Banco BBVA.

12 Completa con los verbos **ver, alcanzar**:

Para hacer carne asada, no la metas al horno antes de que éste
(a)......................... una temperatura de 200 ºC, riégala con su jugo de vez en
cuando y sácala cuando, al pincharla, (b)......................... que la aguja está
un poco húmeda.

13 Selecciona la opción correcta:

Antes de que se (invente / inventara) la imprenta, los libros se copiaban a mano en los
monasterios.

14 Completa los textos:

"Soy inmigrante, ¿qué papeles necesito para que me contraten?".

Actualmente, si no (a) (TENER) _____ permiso de residencia permanente, deberás presentarle al empresario el permiso de trabajo, que tendrás que obtener en una delegación del Ministerio de Trabajo.

(Extracto de *"La abogada responde"* en la revista *MÍA*.)

Si todos los niños (b) (SER) _____ iguales, todos los colegios serían iguales.

RESIDENCIA

El INSALUD ha expedido a su nombre esta tarjeta sanitaria que le permite utilizar sus servicios sanitarios en todo el territorio nacional.

Le recordamos que en caso de que (c) (CAMBIAR) _____ de domicilio o de n.º de teléfono, deberá comunicarlo en su Centro Sanitario.

(Extracto de texto informativo del Instituto Nacional de Salud Pública, *INSALUD*.)

15 Completa con los verbos ser, hablar:

▶ Oye, Pablo, ¿no te parece que deberíamos invitar a Merche a la boda? Al fin y al cabo es tu prima y ya sabes cómo es la gente, a lo mejor lo critican.

▷ ¿A Merche? ¿A esa víbora? ¡Ni hablar! Tú no sabes lo mal que se portó con mis padres... Además, a la gente no le importa a quiénes invitamos nosotros a nuestra boda.

Así que no la invitaremos, aunque (a)......................... mi prima y aunque la gente (b)......................... mal de nosotros.

16 Selecciona el verbo correcto:

Su futuro es lo primero. ——————————

a. Cuando llegue el momento, tendrá tiempo para (DEDICARSE / QUE SE DEDIQUE) por completo a disfrutar de sus grandes aficiones. Y también tendrá asegurados los recursos necesarios. Porque los Planes de Pensiones BBVA le proporcionan la mayor rentabilidad financiero-fiscal para que, dentro de unos años, usted no (TENER QUE PREOCUPARSE / TENGA QUE PREOCUPARSE) de nada.

(Extracto de folleto informativo sobre planes de pensiones del Banco BBVA.)

b. Cuando era joven me hice un plan de pensiones, para que mis hijos (ESTABAN / ESTUVIERAN) tranquilos y no (SE PREOCUPARAN / SE PREOCUPABAN) por mi futuro.

Respuestas a ¿Qué necesito?

A continuación tienes las respuestas de la sección "¿Que necesito?". Después de cada respuesta encontrarás entre corchetes el número del apartado del libro que trata ese tema.

1 (a) ojalá vengan [1]; (b) ojalá pudiera [1]; (c) que lo paséis bien [2].

2 disfrutes [3.1.].

3 consuma [4.1.]; tuviera [5].

4 casase [3.2.]; prefiriese, despreciase [4.2.]; perdiese [6].

5 (a) prepare [9.1.]; (b) ponga [7.1.]; (c) completarais / completaseis [9.3.]; (d) enviarais / enviaseis [7.3.]; (e) tuviera / tuviese [7.2.]; (f) enviaran / enviasen [9.2.].

6 (a) estés, pienses [8.1.]; (b) voy, fuera / fuese [8.4.]; (c) dejaras / dejases [8.3.]; (d) utilizaras / utilizases, olvidaras / olvidases [8.3.].

7 (a) Perdone que llegue tarde [10]; (b) Perdone que nos hayamos retrasado [10]; (c) Perdona que no te acompañara [10]; (d) Siento que hayas suspendido [10].

8 (a) le pases la sal [11.1]; (b) que me lleves mañana los apuntes de Psicología [11.1.].

9 (a) pidieras / pidieses [11. 2.]; (b) es [12]; (c) estás [12]; (d) estés [13].

10 (a) serán [14.1]; (b) gasten [14.1]; (c) hagan [14.2]; (d) fueran [14.1]; (e) fueran [14.1]; (f) eran [14.1].

11 quiera, quiera [15.3]; ofrece [15.1]; convenga [15.1]; quiera [15.3].

12 (a) alcance / haya alcanzado [16.2.]; (b) veas [16.1.].

13 inventara [16.3].

14 (a) tienes [17.1]; (b) fueran [17.2]; (c) cambie [17.4].

15 (a) sea [18.2]; (b) hable [18.2].

16 (a) dedicarse [19.1]; (b) tenga que preocuparse [19.1]; (c) estuvieran [19.2]; (d) se preocuparan [19.2].

1 ¡Ojalá apruebe! / ¡Ojalá me tocara la lotería!

(Expresar deseos sobre el presente y el futuro)

A Carlota se casa el 4 de mayo, observa cómo expresa sus deseos:

¡Ojalá haga buen tiempo el día de mi boda!

¡Ojalá no esté lloviendo!

¡Ojalá saliera el sol para las fotos... pero no creo!

¡Ojalá mi vestido tuviera mangas!

Contesta estas preguntas:

1. El 10 de marzo Carlota expresa un deseo para el
    ❏ **a.** pasado   ❏ **b.** presente   ❏ **c.** futuro

2. Piensa que su deseo es
    ❏ **a.** posible   ❏ **b.** poco probable   ❏ **c.** imposible

3. El 4 de mayo por la mañana expresa un deseo referido al
    ❏ **a.** pasado   ❏ **b.** presente   ❏ **c.** futuro

4. Piensa que su deseo es
    ❏ **a.** posible   ❏ **b.** poco probable   ❏ **c.** imposible

5. En la iglesia Carlota expresa un deseo para el
    ❏ **a.** pasado   ❏ **b.** presente   ❏ **c.** futuro

6. Piensa que su deseo es
    ❏ **a.** posible   ❏ **b.** poco probable   ❏ **c.** imposible

7. Cuando se está haciendo las fotos expresa un deseo referido al

❑ a. pasado ❑ b. presente ❑ c. futuro

8. Piensa que su deseo es

❑ a. posible ❑ b. poco probable ❑ c. imposible

B Teniendo lo anterior en cuenta di cuál de estas cuatro afirmaciones es incorrecta:

1. Utilizamos OJALÁ + Presente de Subjuntivo para expresar deseos posibles que se refieren al presente o futuro.

2. Utilizamos OJALÁ + Imperfecto de subjuntivo para expresar deseos que se refieren al presente y que son imposibles.

3. Utilizamos OJALÁ + Imperfecto de Subjuntivo para expresar deseos que se refieren al futuro y se presentan como poco probables.

4. Utilizamos OJALÁ + Imperfecto de Subjuntivo para expresar deseos referidos al pasado y que son poco probables o imposibles.

Nota: *La idea del deseo es siempre subjetiva, depende del hablante, por eso no siempre resulta "lógica" en cuanto a sus probabilidades reales; por ejemplo, una persona puede comprar un billete de lotería y decir "¡Ojalá me toque la lotería!", a pesar de que las probabilidades reales de que le toque sean muy pocas, pero así expresa su optimismo, su confianza en la suerte, etc. Sin embargo, otra persona más incrédula seguramente diría "¡Ojalá me tocara la lotería!"*

Ojalá los hombres me duraran tanto como Lipfinity, la barra de labios de larga duración.

EL DIARIO DE BRIDGET JONES

MAXFACTOR

C Fíjate en el anuncio de MAX FACTOR:

✔ ¿Crees que a Bridget Jones le duran mucho los novios?

_____

✔ ¿Le gustaría que le duraran más?

_____

✔ ¿Crees que eso le parece probable?

_____

D Completa el cuadro de abajo imaginando cuáles son los deseos de estas personas y expresándolos con *ojalá* + Presente o Imperfecto de Subjuntivo. Para ello debes fijarte en si son probables, poco probables o imposibles, y en si se refieren al presente o al futuro.

"¿Me dirá que sí?"

"¡Qué pena no poder hablar con este gorila!"

"¿Tendré algún día un local para actuar?" No lo creo...

"Esta curva debería ser más ancha"

"Espero aprobar el examen de mañana, he estudiado mucho"

DESEO	PROBABLE / POCO PROBABLE/ IMPOSIBLE	SE REFIERE AL
1. Ojalá me diga que sí	Probable	Futuro
2.		
3.		
4.		
5.		

Nota: *si necesitas saber más sobre estas oraciones consulta la unidad 1 del Nivel 2 de EL SUBJUNTIVO.*

2 ¡Que te diviertas!

(QUE + presente de subjuntivo para formular deseos para el futuro)

A Observa este dibujo y contesta después verdadero / falso:

ADIOS, CARIÑO, QUE TENGAS UN BUEN DÍA.

	V	F
1. La señora expresa el deseo de que su marido tenga un día agradable.		
2. La señora está expresando la duda ante un día duro de su marido.		
3. La señora utiliza esta frase como forma de despedirse de manera agradable.		
4. La señora no quiere que su marido se vaya de casa.		

B Completa con la frase que te parezca más adecuada:

que te mejores   *que descanses*
que te diviertas

Aquel día, 5 de febrero, después de regresar Ena y yo de un concierto a beneficio de la Cruz Roja, en el que, como siempre, fingimos una espléndida armonía, asistimos en familia a una sesión de cine en Palacio. Mamá, que aquel día había entregado una bandera bordada por ella misma a la Academia General Militar de Zaragoza, nos dijo que se retiraba a sus habitaciones, pues se hallaba fatigada.

– Adiós, mamá, _____ –le dije besándola en la frente, como solía hacerlo desde mis años juveniles.
– *Adiós, hijo.*
– Ya no la vería más viva, pues aquella misma noche murió.

(Extracto de *El secreter del Rey* de Hernández Ramón.)

b.

Jaimito: No te preocupes. No quiero nada. Ya te he dicho que estoy bien, normal. Pero gracias de todas formas.

Elena: Te hemos recogido lo de las sandalias. Está en el cuarto, como no estabas... Además, con el brazo así no podrás trabajar ahora.

Jaimito: No te preocupes. Está bien.

(Pausa larga y tensa. Doña Antonia se levanta de su asiento)

Doña Antonia: Bueno, yo me voy, que me van a cerrar. (A Alberto y Elena) ¿Venías a cenar a casa, no? Pues hasta luego. No lleguéis tarde, que ya sabes cómo se pone tu padre. (A Jaimito) Y adiós, tú, ——————————

(Extracto de *Bajarse al moro* de José Luis Alonso de Santos.)

c.

(Jaime está hablando con su novia. Ella va a salir con unos amigos, él debe ir a hablar con su familia)

Jaime permanecía inmóvil y silencioso mirando fijamente la ventana iluminada.

– ¿No quieres subir conmigo? –aventuró al cabo en un tono casi implorante.

– *¿Yo? Dios me libre. No, hijo, para qué voy a subir yo.*

– Pues porque me arroparías mucho, lo sabes de sobra. Y porque así me podría escapar antes. Tú a ella, además, le caes bien.

– *Ya, bueno, pero es tu familia a fin de cuentas, y yo ya hace mucho que me largué de casa por no aguantar a la mía, no fastidies, corazón.*

– Ya sabía que me ibas a contestar eso. Perdona y ——————————

– *No te puedo desear lo mismo porque sería sarcasmo. Por lo menos no te dejes comer la moral, ¿vale? Y vente luego sin falta.*

(Extracto de *Fragmentos de interior* de Carmen Martín Gaite.)

C   **Ayúdanos a completar la regla con las palabras *deseo* y *presente*:**

En algunas ocasiones queremos expresar un .... hacia otra persona y lo hacemos utilizando la estructura

QUE + ———————— **de Subjuntivo**

Es frecuente utilizar estas expresiones cuando queremos despedirnos de alguien y desearle algo agradable.

D Algunas de estas expresiones han quedado como fórmulas fijas porque se utilizan con mucha frecuencia. Te proponemos un ejercicio en el que tienes que elegir cuál es la más adecuada.

1. ¿Qué le dices a un compañero que se marcha del trabajo con claros síntomas de estar muy cansado?
   - ❏ a. Que te mejores.
   - ❏ b. Que descanses.
   - ❏ c. Que tengas suerte.

2. ¿Qué les dices a unos amigos que se acaban de casar?
   - ❏ a. Que cumpláis muchos más.
   - ❏ b. Que no sea nada.
   - ❏ c. Que seáis muy felices.

3. ¿Qué le dices a alguien que está enfermo si tú quieres animarlo para que no se preocupe?
   - ❏ a. Que te mejores.
   - ❏ b. Que te diviertas.
   - ❏ c. Que te vaya bien.

4. ¿Qué les dices a unos compañeros de clase si quieres que disfruten del fin de semana? (Hay dos adecuadas)
   - ❏ a. Que os divirtáis.
   - ❏ b. Que os cunda.
   - ❏ c. Que lo paséis bien.

5. ¿Qué le dices a una persona que cumple años?
   - ❏ a. Que cumplas muchos más.
   - ❏ b. Que me invites a algo.
   - ❏ c. Que disfrutes.

6. ¿Qué le dices a un amigo que va a examinarse del carnet de conducir? (Hay dos adecuadas)
   - ❏ a. Que apruebes.
   - ❏ b. Que te diviertas.
   - ❏ c. Que tengas suerte.

7. ¿Qué deseas a unos amigos a los que probablemente no verás en mucho tiempo?
   - ❏ a. Que os vaya bien.
   - ❏ b. Que os mejoréis.
   - ❏ c. Que cumpláis muchos más.

Lee estos dos textos y contesta las preguntas:

Isabel se puso el chaquetón, salieron juntos y se despidieron en el pasillo.
– Gracias por prestarme el cuarto, hija.
– *Nada, hombre. Lo que hace falta es* **que te cunda**.
– Ojalá, ya veremos.
– *Nada de ya veremos, depende de ti. Siempre puede hacer uno lo que quiere.*
– Sí, sobre todo a tu edad.
– *¡Y a la tuya!* –exclamó Isabel con viveza–. *No empieces a escudarte en la edad, que así es como se envejece. La juventud es un estado de ánimo.*
Diego la miró con agradecimiento y acercó la cara para darle un beso.
– Gracias, hija.
Isabel le retuvo unos instantes, agarrándole por el cogote.
– *No eres viejo, papá, no lo eres, no lo eres, no dejes que te vuelvan viejo.*
Diego se soltó con un gesto evasivo. Sonreía.
– Lo tendré en cuenta. Que te diviertas.
Echó a andar por el pasillo bastante alentado. Cuarenta y cinco años no es mala edad para sacar una primera novela, puede tener incluso mayor garantía de validez.

(Carmen Martín Gaite: *Fragmentos de interior.*)

a. **¿Por qué le dice la hija al padre *Que te cunda*?**

☐ **1.** Porque quiere que disfrute del tiempo que le queda de vida.
☐ **2.** Porque ella quiere que aproveche el tiempo y pueda escribir la novela, para eso le ha prestado su cuarto.
☐ **3.** Porque sabe que él nunca sale de casa y está deprimido.

b. **Utilizamos esta expresión también al despedirnos; ¿sabes en qué situación?**

☐ **1.** Cuando quieres que alguien descanse después de un largo trabajo.
☐ **2.** Cuando deseas a alguien que solucione sus problemas personales.
☐ **3.** Cuando deseas a alguien que está ocupado con muchas cosas que pueda hacerlas en el tiempo que tiene.

Sonaba el teléfono interior. Descolgó el auricular:
– ¿Qué hay? –dijo.
– *Julio, me voy a comer. Recuerda que tienes una cita a las cinco treinta.*
– Sabes que los martes y viernes tengo inglés.
– *Pero te la he puesto a las cinco y media.*
– Es que hoy tengo dentista después del inglés. Anúlalo antes de irte, por favor.
– *De acuerdo,* **que te sea leve**, *y cuídate.*
Esperó a que su secretaria se marchara y se levantó. Eran las dos y media. La mañana había sido vencida.

(Juan José Millás: *El desorden de tu nombre.*)

C. **Cuando una persona te dice que te sea leve, ¿qué es lo que quiere decir?**

☐ **1.** Sabe que tienes que hacer algo pesado, molesto, tal vez desagradable, y muestra su deseo de que resulte lo menos malo posible.

☐ **2.** Que aproveches el tiempo que tienes.

☐ **3.** Que te mereces un descanso después de haber trabajado mucho.

F **Lee este texto y di si es verdadero o falso:**

Mario: No se me ocurriría acercarme a una mujer como tú aunque fuéramos las dos únicas personas de la tierra: autoritaria, sabihonda, manipuladora, con pistola...

Ana: *No hay ningún problema, ¿no? Cada uno por su lado... y lo más lejos que podamos el uno del otro.*

Mario: Pues que te vaya bien, y que encuentres pronto a alguien que te aguante. Si es que existe.

Ana: *Lo mismo te digo. Que salgas pronto, y que no sigas atropellando mujeres por la calle.*

Mario: Por si acaso, no te cruces delante de mí. Ya sabes que soy muy peligroso.

(Extracto de *Vis a vis en Hawai* de José Luis Alonso de Santos.)

	V	F
1. Mario no guarda ningún rencor a Ana y por eso quiere que sea feliz en el futuro.	☐	☐
2. Ana y Mario no se expresan deseos reales, están siendo irónicos.	☐	☐
3. Las expresiones de "deseo" de Ana y Mario son fórmulas fijas como las que hemos visto antes.	☐	☐

G **Jorge, Rodrigo, Jaime y Luis trabajan para una entidad bancaria en la que se acaba de estropear una parte importante del sistema informático. Jorge es el encargado de mantener este servicio y tiene que quedarse en la oficina hasta que lo arregle. Sus compañeros se marchan ya y se están despidiendo de él. Escribe tú los deseos que formulan (ninguno es una frase hecha como las anteriores):**

1. Rodrigo sabe que Jorge tiene una cita para cenar esa noche, quizá no pueda llegar a tiempo:

_____

2. Jaime sabe que Jorge está deseando terminar para marcharse:

_____

3. Luis sabe que lo que realmente le importa a Jorge es encontrar la avería cuanto antes, por eso le dice: _____

Nota: *si necesitas saber más sobre estas oraciones, consulta la unidad 2 del Nivel 2.*

3

Quiero que vengas. / Espero que te guste. / ¿Quieres que te ayude? / Quería que vinieras.

(Oraciones sustantivas con subjuntivo para hablar de la voluntad y el deseo en presente, futuro y pasado)

3.1. Quiero que vengas. Espero que te guste. ¿Quieres que te ayude?

A Observa cómo expresan lo que quieren las siguientes personas y completa las oraciones que están a continuación:

a. Queremos tener más tiempo para estar juntos.

d. Quiero que los ríos estén limpios.

g. Quiero más tiempo para jugar con mis hijos.

b. Quiero ir a pescar. Y pescar peces enormes.

e. Quiero que la sociedad sea más ecológica.

h. Quiero un planeta tan limpio como mi bolsillo.

c. Quiero tener más dinero para saber qué es eso.

f. Quiero que mi ama tenga más tiempo para pasear conmigo.

i. Quiero más dinero. Y punto.

(Extracto de *El País Semanal.*)

a. La familia quiere .... para estar juntos.

b. El señor del sombrero quiere .... peces enormes.

c. La joven quiere .... para saber qué es eso.

d. La joven de la gorra quiere .... limpios.

e. El joven de la camisa estampada quiere .... más ecológica.

f. El perro quiere .... para pasear más con él.

g. El señor de los niños quiere más .... para jugar con sus hijos.

h. El joven de los collares quiere .... tan limpio como su bolsillo.

i. El señor del puro sólo quiere más ....

Las personas de...	Quieren...	La parte de la oración que hemos dejado en blanco es...
a-c	tener o hacer algo	un infinitivo
d-f	que otros tengan o hagan algo	una oración con el verbo conjugado
g-i	algo	un sustantivo

B ¿Cuáles son los sujetos de los verbos de las oraciones a-f? Completa el siguiente cuadro:

	¿quién?		¿quién o qué?	
a	nosotros	queremos	nosotros	estar
b		quiero		ir a pescar
c		quiero		tener
d	yo	quiero	los ríos	estén
e		quiero		sea
f		quiero		tenga

C Completa la siguiente regla con las palabras Infinitivo, Subjuntivo:

Cuando el verbo "querer" y el verbo de la oración subordinada tienen el mismo sujeto, este último verbo está en _____. Cuando los sujetos son diferentes, el verbo de la oración subordinada está en _____ y se une a la principal por medio del nexo "que".

D Observa la siguiente historieta de Calvin y Hobbes y completa el texto que hay a continuación con: llevar a Hobbes, Hobbes vaya con ellos, que Calvin la acompañe, ir al mercado, que su hijo grite, que lo deje en casa.

La mamá de Calvin quiere **(a)**............................ y quiere **(b)**............................ Como Calvin se aburre siempre mucho allí, quiere **(c)**............................ y pide permiso a su mamá para llevarlo, pero ella quiere **(d)**............................ Entonces, Calvin grita que él quiere que **(e)**............................ De esta manera, y como la mamá de Calvin no quiere **(f)**............................, el niño consigue llevar a Hobbes al mercado.

E Observa los verbos marcados en esta historia y relaciona sus significados con las definiciones que encontrarás más abajo:

Como acaba de recuperar un dinero que ya creía perdido y quiere que su familia comparta su alegría, al llegar a casa propone una reunión familiar. El padre **desea** que Anselmo empiece a comprar un piso y lo vaya pagando mensualmente con su sueldo fijo de anestesista de la Seguridad Social; al fin y al cabo, un piso es siempre una buena inversión. Su madre **espera** que meta el dinero en el banco, que abra un plan de pensiones para que cuando sea viejecito, como ya casi lo es ella, pueda viajar por el mundo sin tener que recurrir a los viajes programados para la tercera edad. Carmen **pretende** que su hermano se compre un coche nuevo, ya está harta de tener que prestarle el suyo cada vez que a Anselmo se le estropea el Citröen y quiere salir con su novia de vacaciones. Andrés apoya el consejo de Carmen porque le **apetece** que su hermano mayor le regale ese viejo Citröen con el que podría ir todos los días a la facultad. Anselmo dice a todo que no, que no es posible. Y como no **consigue** que le entiendan porque ya han empezado una de esas discusiones en las que hablan todos a la vez, les invita a cenar en el restaurante chino de la esquina con los cien euros que le acaba de devolver su amiga Isabel.

a. **desear** •
b. **esperar** •
c. **pretender** •
d. **apetecer** •
e. **conseguir** •

• 1. Tener ganas o deseo de algo.
• 2. Tener la esperanza de que ocurrirá algo que se desea.
• 3. Querer algo que daría alegría o pondría fin a un malestar.
• 4. Llegar a tener algo que se desea.
• 5. Intentar obtener algo que se desea.

F Tacha las opciones que no te parezcan correctas en el paréntesis de este cuadro:

> ○ Se usa subjuntivo en la oración subordinada cuando el verbo de la oración principal expresa (voluntad, esperanza, deseo, información, intento) de lograr algo que el sujeto de la oración principal no puede conseguir por sí mismo.
> ○

G Lee lo que dicen los miembros de esta familia y escribe sus nombres en las oraciones de abajo:

a. **Anselmo:** ¡Papá… Mamá!… ¡Carmen!… ¿Podéis venir un momentito?… Vamos a ver en qué podemos invertir un dinerito que me acaban de dar.

b. **Padre:** Mira, hijo, lo mejor que podrías hacer es dar la entrada de un piso e ir pagando el resto poco a poco, a plazos… Los pisos siempre se revalorizan, siempre te dan los mayores beneficios…

c. **Madre:** Pues si es un dinero que no esperabas recibir, a mí me parece que deberías disfrutarlo tú mismo. Yo abriría un plan de pensiones, que desgrava en Hacienda y tiene una rentabilidad alta, y de viejecito… no me mires así, que algún día lo serás… podrías hacerte tus buenas excursiones por Hawai, la Polinesia, La Isla de Pascua…

d. **Carmen:** ¿Y por qué esperar tanto tiempo para disfrutarlo?… Mira cómo está tu coche. Te deja tirado a la menor ocasión y, bueno, a mí no me importa prestarte el mío, pero supón que algún día yo lo necesite…

e. **Andrés:** Eso, eso… que no sé cómo no te da vergüenza aparcar ese coche en el hospital al lado de los cochazos de tus compañeros… Además, si te compras un coche, me podrías regalar a mí el viejo.

f. **Anselmo:** Pero no… no… no entendéis nada… Os estoy diciendo que… ¿Queréis escucharme, por favor?… Bueno, venga, vamos… Os invito a cenar, que con cien euros no se puede hacer otra cosa…

1. .... quiere que su familia comparta su alegría.
2. .... espera que meta el dinero en el banco, que abra un plan de pensiones.
3. .... pretende que su hermano se compre un coche nuevo.
4. .... no consigue que le entiendan.
5. .... desea que Anselmo empiece a comprar un piso y lo vaya pagando a plazos.
6. .... le apetece que su hermano mayor le regale el viejo Citröen.

H **Lee estos textos:**

espero que te guste

TELEGRAMA

¡Enhorabuena por tu Premio Cervantes! ¡Espero que el próximo sea el Nóbel!

Deseamos que paséis una Feliz Navidad y que el próximo año se cumplan todos vuestros deseos.

Pedro y Marta

El Secretario General
del Consejo General de Colegios Oficiales
de Doctores y Licenciados
en Filosofía y Letras y en Ciencias

Saluda

A Vd. y le remite información sobre el programa **EDUCARED**, fruto de un acuerdo de colaboración con la Fundación Encuentro.

Esperamos que esta acción sea de su interés y contribuya a la introducción de las nuevas tecnologías en los centros de enseñanza y en el trabajo habitual de todos nosotros.

Roberto Salmerón Sanz

aprovecha la ocasión para reiterarle
el testimonio de su amistad

a **¿Verdadero o falso?**

	V	**F**
Con frecuencia, en las relaciones sociales usamos los verbos de deseo en la oración principal.	☐	☐

b **Escribe estas oraciones en los dibujos de la página siguiente:**

1. Es una tontería, pero espero que te guste.
2. Deseamos que seáis muy felices en vuestro matrimonio.
3. Esperamos que volváis pronto a visitarnos.

a.

b.

c.

I Fíjate en las oraciones del principio de estos anuncios:

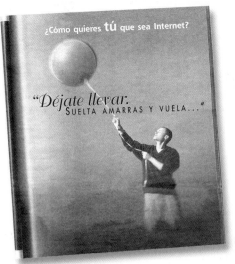

a. ¿Nos ofrecen la posibilidad de elegir algo? _____

b. Completa este cuadro con una de estas palabras: **pedimos, ofrecemos.**

> *Decimos el verbo de voluntad en la oración principal cuando* _____ *a alguien la posibilidad de elegir algo.*

J Conjuga los verbos que están entre paréntesis en la forma adecuada:

a. ¿Tienes frío? ¿Quieres que te (traer, yo) .... una chaqueta?
b. ¿Cuándo quieres que te (pasar, yo) .... a recoger?
c. ¿Cómo quieres que (hacer, nosotros) .... el informe?
d. ¿Dónde queréis que (poner, nosotros) .... el cuadro?
e. ¿Te cansas? ¿Quieres que (conducir) .... yo?

K Construye las dos oraciones que faltan en el diálogo con la información que te damos entre paréntesis:

(Las protagonistas de este diálogo son Celia y Solita, dos niñas de siete años.)
– Yo quiero a tu madrina, Solita.
– *¡Huy, mi madrina!*
– Sí, esa señora que te regaló el vestido de flores este carnaval.
– *¡Ah, la señorita Estrella! Pues, hija, esta tarde voy a ir a su casa a llevar un recado de mi padre.*
– (Ofrece la posibilidad de ir con ella.) **(a)**_____.
– *Bueno. ¿Pero te dejan salir sola a la calle?*
– No lo sabrán. Mamá se irá de paseo, papá está siempre en el despacho, y Juana y la cocinera, en el cuarto de costura… Volveremos pronto, ¿verdad?
– *¡Claro! Entonces, (ofrece la posibilidad de esperarla en la acera de enfrente de su casa.)*
(b)_____.
– Sí, espérame.

(Elena Fortún: extracto de *Celia lo que dice.*)

A Lee esta carta y los textos de los dibujos y responde la pregunta final:

Queridos Reyes Magos:

El año pasado os equivocasteis de regalo porque yo quería que me trajerais unas zapatillas de ballet como las que se pone Ana María para la fiesta de fin de curso y me trajisteis aquella muñeca que le gustaba a mamá. A mis amigas les gustó mucho mi muñeca y siempre quieren que se la deje cuando vienen a jugar conmigo a mi casa, pero yo prefería las zapatillas porque mamá y papá no me las quieren comprar. A mí me gusta mucho bailar como Ana María y sé ponerme de puntas para bailar la muerte del cisne como ella, pero mi mamá se enfada porque dice que rompo todos mis zapatos. Por eso este año sólo quiero que me traigáis unas zapatillas de ballet como las que os pedí el año pasado, del número 28, y unos libros de esos tan bonitos que me traéis todos los años.

Lucía

SIENTO QUE TENGAS QUE MARCHARTE TAN PRONTO.

ES QUE, YA SABES, SALGO DE VIAJE MUY TEMPRANO Y TODAVÍA NO HE HECHO LA MALETA.

ESPERO QUE TE PUEDAN QUITAR PRONTO TODOS ESTOS APARATOS. DEBES DE ESTAR MUY INCÓMODO.

¡NO LO SABES TÚ BIEN!

YO, DE PEQUEÑO, NO QUERÍA QUE ME CORTARAN EL PELO.

¿A qué tiempo cronológico se refieren? Une con flechas las formas verbales con el tiempo al que se refieren en los textos anteriores:

- trajerais
- deje
- traigáis
- tengas
- puedan
- cortaran

Pasado

Presente

Futuro

B Une con flechas el tiempo verbal con el tiempo cronológico que le corresponde en los ejemplos anteriores:

- Presente de Subjuntivo
- Pretérito Imperfecto de Subjuntivo

Pasado

Presente

Futuro

C Observa las contestaciones que dieron a finales del siglo XX algunas personas a la pregunta "¿Qué espera del siglo XXI?" y completa las oraciones que están a continuación:

Leyre Liquan Guenega
menos de 1 año

"Espero que la gente me mire sin prejuicios y crecer en paz."

Felipe Serrano
4 años

"Quiero que mis padres me lleven a Eurodisney."

Carlos González
10 años

"Quiero conocer a Roberto Carlos y que los niños de África tengan más comida."

Aaron Guerrero
14 años

"Quiero ser tan buen actor como Robert de Niro y que termine el terrorismo."

Javier Ayuso
29 años

"Quiero tener otro hijo, que el Atlético de Madrid gane la Champions League y que se descubra un remedio contra el cáncer".

Jaione Kortazar
31 años

"Espero que tengamos la inteligencia necesaria para preservar el medio ambiente".

Rafaela Pachón
59 años

"Quiero tener más nietos, conservar la salud y que ningún niño del mundo pase hambre".

Teresa Hernández
64 años

"Espero que le suban la pensión a mi marido y que encuentren algo definitivo para la diabetes".

(Extracto de "Retrato del Siglo" de *El País Semanal*.)

1. Leyre Liyuan Guenega esperaba que la gente la .... sin prejuicios y crecer en paz.

2. Felipe Serrano quería que sus padres lo .... a Eurodisney.

3. Carlos González quería conocer a Roberto Carlos y que los niños de África .... más comida.

4. Aarón Guerrero quería ser tan buen actor como Robert de Niro y que .... el terrorismo.

5. Javier Ayuso quería tener otro hijo, que el Atlético de Madrid .... la Champios League y que se .... un remedio contra el cáncer.

6. Jaione Kortazar esperaba que .... la inteligencia necesaria para preservar el medio ambiente.

7. Rafaela Pachón quería tener más nietos, conservar la salud y que ningún niño del mundo .... hambre.

8. Teresa Hernández esperaba que le .... la pensión a su marido y que .... algo definitivo para la diabetes.

D **Elige en los paréntesis la opción correcta:**

Sr. Pérez:

El pasado mes de diciembre le escribí diciendo que deseaba que *Teletub S.A.* (cancele / cancelara) los servicios que contraté hace tres años. Creía que se lo había notificado con tiempo suficiente y esperaba que ustedes no (pasaran / pasen) a mi banco más recibos de conexión, pero no ha sido así. Ustedes enviaron el recibo como de costumbre y mi banco pagó puntualmente.

Ahora le escribo de nuevo para repetirle que no deseo que su Compañía (continúe / continuara) prestándome sus servicios y que no quiero que (enviaran / envíen) más recibos a mi banco, al que voy a dar orden de que no pague nada que venga de su parte.

Atentamente...

Nota: *si necesitas aprender más sobre estas oraciones, consulta la unidad 3 del Nivel 2.*

4

No me gusta que te enfades. / Odiaba que llegara tarde. / ¿Te gusta que haya venido? / Me gustará que me estés esperando.

(Oraciones sustantivas con subjuntivo para hablar de los gustos personales en presente, futuro y pasado)

4.1. No me gusta que te enfades.

A Observa en los siguientes dibujos quién habla de sus gustos y quién los realiza. Luego, completa el cuadro de la siguiente página.

	¿A quién o quién?		¿Quién?	
1a	A mí	gusta	yo	tener
1b				
2a				
2b	yo	odio	los diseñadores	hagan
3a				
3b				
4a				
4b				

B Completa el siguiente cuadro con las palabras: Subjuntivo, Infinitivo.

Cuando la persona a la que le gusta (o no le gusta) algo coincide con el sujeto de la oración subordinada el verbo de esta última está en _____, si no coincide está en _____ y se une a la oración principal por medio del nexo "que".

C Elige la opción correcta en los paréntesis del siguiente texto:

(Una inmigrante ecuatoriana en Madrid va con su hijo adolescente a una cita con el asistente social del Ayuntamiento. El chico lleva mal sus estudios en el Instituto, tiene amigos poco recomendables y últimamente no tiene buenas costumbres.)

Pues mire usted, señor, aquí le traigo a mi hijo para que usted le hable. Se me está echando a perder con esas que yo llamo sus malas compañías... y mire que yo le digo todos los días antes de irme al trabajo que no me gusta (andar /que ande) con esa panda de malos amigos que se ha echado en el parque, que odio (que pase / pasar) el tiempo con ellos porque sólo le pueden enseñar sus malas costumbres. Yo prefiero (quedarse, que se quede) en casa solito, leyendo, estudiando, haciéndose un hombre de provecho, como lo son sus hermanos mayores y como lo han sido siempre los hombres de nuestra familia. Pero yo ya no puedo controlarlo, señor, yo estoy todo el día trabajando fuera de casa y no puedo controlarlo. A mí no me gusta (estar, que esté yo) así... Siempre he tenido que trabajar duro para sacar a mis hijos adelante, pero allá en el Ecuador todo era más fácil, señor... Allá tenía un pequeño almacén y, con el trabajo en la casa, resultaba más fácil controlar los estudios, los amigos de los hijos. Así lo hice con los mayores, que ya tienen sus carreras, pero... ¡la vida da tantas vueltas, señor!... Me vine para acá porque la situación se puso muy fea, ya sabe usted la crisis económica por la que está pasando Ecuador. Ni siquiera tenía dinero para llenar el almacén y tenía que ahorrar un dinerito para darle estudios a éste, que es el menor. A mí no me gusta que unos hijos (tener / tengan) carrera y otros no. No, eso a mí no me gusta. Y me lo traje conmigo porque pensé que él tendría aquí más oportunidades de estudio. Pero ya ve usted, señor, odia (quedarse / que se quede) en casa solo y, desde que conoció a esos chicos del parque, me habla mal y prefiere (escuchar / que escuche) los consejos de esos vagos a los míos. Por eso vengo aquí con él para que usted le hable y, si tampoco a usted lo escucha, lo mandaré de vuelta a mi país, con sus hermanos. No puedo consentir que se me estropee un hijo a causa de la pobreza, señor.

D **A continuación tienes algunas opiniones sobre España que dieron unos estudiantes en una clase. Fíjate en lo que dicen y en el verbo, o expresión, de las oraciones principales. Coloca esos verbos, o expresiones, en el cuadro que está debajo.**

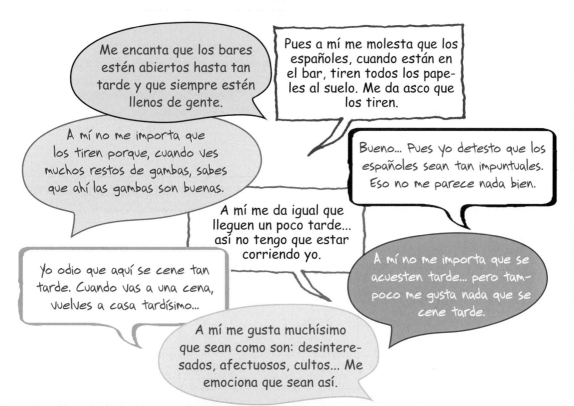

++ gustar muchísimo	+ gustar	+ - dar igual	- no gustar	- - no gustar nada

E Completa el siguiente texto con: (a) no me gusta nada ver, (b) prefiero que haga calor, (c) odio que haya, (d) me gusta que haya mucha gente.

Para mí, España es un país encantador. Si no fuera así, no me habría quedado aquí, porque en invierno hace un frío espantoso y yo .... todo el año. No es que no me guste el frío, es que me cuesta mucho soportarlo.

En España me gustan muchas cosas. Me gusta Madrid, su alegría, su ambiente. Me gusta salir por la noche con mis amigos, ... fuera de casa en plena noche, andando, charlando y bailando. Me encantan los bailes españoles y ya casi sé bailar las sevillanas. En cambio, hay cosas que no me gustan. Por ejemplo, ... morir a los toros, sentir su sufrimiento en la plaza… y detesto pasar al final de una noche entre los borrachos que gritan como estúpidos. Es que yo .... violencia, cualquier tipo de violencia.

Pero como decía, España es un país precioso y, si tuviera que elegir un lugar para vivir para siempre, elegiría España.

(Mohammad Al Mefleh, estudiante de español.)

4.2. Odiaba que llegara tarde. / ¿Te gusta que haya venido? / Me gustará que me estés esperando.

A Observa las siguientes imágenes y completa el texto que le sigue con la forma adecuada de los siguientes verbos: ir, escuchar, hablar, pedir, enfadarse, ser, dar.

(Maitena: extracto de *Mujeres alteradas 3*.)

A Maitena le molesta que los taxistas (a) .... la radio a todo volumen, que le (b) .... aunque la vean leyendo, que (c)................
.... detrás del autobús, que le (d) .... siete opciones de recorrido, que (e) .... nuevos y le (f) .... que les indique el camino, que (g) .... porque no tiene cambio.

B ¿En qué tiempo verbal están los verbos que has escrito en el texto? _____
_____ ¿A qué momento se refieren, pasado, presente o futuro? _____.

C Observa los verbos en negrita de las oraciones en cursiva. ¿A qué tiempo cronológico se refieren?

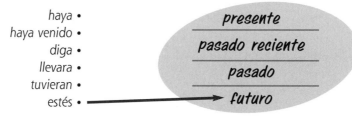

haya •
haya venido •
diga •
llevara •
tuvieran •
estés • ————————→

presente
_____
pasado reciente
_____
pasado
_____
futuro

— Usted ha dicho que la sociedad mexicana tiene una condición sumisa que le molesta...
— Así es, la idiosincrasia es algo que pesa mucho, ha sido perjudicial, no en toda la gente, claro, pero normalmente arrastramos esa sumisión de muchísimos años. Esa condición es la que me decepciona y entristece, *no me gusta que* **haya** *tantos mexicanos que nos impidan quitarnos de encima muchos problemas.*

(Diario "Proceso": extracto de *Me gusta ganar hasta en las canicas.*)

— *¿Te gusta que* **haya venido***?*
Asintió ella sin mirarme. A Carlota no le complacía exteriorizar sus sentimientos.
— ¿Vas a quedarte con nosotros quince días enteros, papá?
— Quince largos días. (...)

(Mercedes Salisachs: extracto de *La gangrena.*)

Pablo: Ésta será mi última llamada desde Barcelona. Ya sabe que me trasladan a ocupar su puesto consular en Madrid. No han querido darme explicaciones.
Gabriela: Sobran las explicaciones. *Siempre les ha molestado que Gabriela Mistral* **diga** *la verdad sin rodeos.* Sé que no es sensato hacer declaraciones, pero hay que hacer hablar al corazón antes de que lo corrompa la muerte.

(Jorge Díaz: extracto de *Pablo Neruda viene volando.*)

Al día siguiente la telefoneó para invitarla al cine. *A Yolanda le encantó que la **llevara** a ver una película de Doris Day*, su artista preferida, y se sentía contenta, simplemente contenta, de haber hallado a alguien con quien pasar el rato...

(Pedro Vergés: extracto de *Sólo cenizas hallarás.*)

Faltaban diez días para el treinta y no llegaban. Él había tenido que pedir un adelanto, pero ahora, esos billetes en el bolsillo le quemaban. Quería lo mejor para sus hijos, lo mejor para Blanca. Los chicos estaban bien arreglados, ella hacía maravillas con la ropa que dejaban los sobrinos, y además se cosía sus propios vestidos –Adrián no se preguntaba de dónde sacaba tiempo para hacerlo–. Pero a él eso le molestaba. *Le molestaba que sus hijos **tuvieran** que vestir como mendigos, con ropa ajena.*

(Jorge Andrade: extracto de *Un solo Dios verdadero.*)

— ¿Por qué no puedo ir yo contigo?
— Es muy largo el camino, Zulema. Ben Yacún se ocupará de ti y no necesitarás de nadie. Y yo volveré algún día y *me gustará que me **estés** esperando.*

(Jesús Torbado: extracto de *El peregrino.*)

D Une con flechas el tiempo verbal con el tiempo cronológico que le corresponde en los ejemplos anteriores:

Presente de Subjuntivo •

Pretérito Perfecto de Subjuntivo •

Pretérito Imperfecto de Subjuntivo •

presente

pasado reciente

pasado

futuro

Nota: *tienes más información sobre correlaciones temporales en este tipo de oraciones en la unidad 4 del Nivel 2.*

E Selecciona en los paréntesis donde hay formas verbales en negrita la que te parezca correcta:

a. No hacía ni tres horas que nos habíamos casado. Yo estaba en la cocina preparando un último combinado de mi invención; había oscurecido y los escasos invitados –compañeros de la facultad en su mayoría– hacía rato que se habían retirado. La ceremonia no podía haber sido más sencilla. (Y yo estaba pensando: Me gusta que (**sea / haya sido / fuera**) así. Tan sencilla.)

(Cristina Fernández Cubas: extracto de *Con ágata en Estambul.*)

b. Le molestaba que sus hijos tuvieran que vestir como mendigos, con ropa ajena. Le molestaba que sus cuñados (**puedan, hayan podido, pudieran**) _____ y él no. Quería que sus chicos se vistieran con pulóveres y pantalones de marca, ropa fina, y que Blanca se pudiera comprar la suya en las boutiques más caras, para que se luciera, para lucirla él, para que estuviera más linda. Se enterneció.

(Jorge Andrade: extracto de *Un solo Dios verdadero.*)

c. (Ya han salido de escena todos y quedan frente a frente SALAZAR y CEREJEIRA.)

Cerejeira: ¿Te importa que (**fume, fumara**) un cigarrillo?
Salazar: ...(Duda.) Claro...
Cerejeira: ¿Te acuerdas que te molestaba que (**fumemos, fumáramos**) en tu habitación...?
Salazar: No he cambiado en nada...
Cerejeira: Bueno, al menos cambia esa cara. Ya sé que estás muy enfadado conmigo...

(Manuel Martínez Mediero: extracto de *Las largas vacaciones de Oliveira Salazar.*)

F Completa el siguiente texto con las formas adecuadas de los verbos que están entre paréntesis:

A mi abuelo le encantaba que me (sentar, yo) (**a**)........................ con él en el salón de su casa y, entonces, casi siempre me pedía que le pusiera una película en el vídeo. Le gustaba que (elegir, yo) (**b**) .... alguna de sus favoritas: "Una noche en la ópera", "Tiempos modernos", "La fiera de mi niña"… No le gustaba nada la violencia y le daba asco que en una película (haber) (**c**)........................ sangre y ruido, siempre decía que detestaba que el ruido y los gritos (predominar)(**d**) .... sobre las palabras. Las películas que más le gustaban eran las de Charlot, le conmovía que (ser, Charlot) (**e**) .... siempre tan generoso. Decía mi abuelo que a la gente no le gusta que se le (notar) (**f**)........................ la generosidad porque otras personas se aprovecharían de ellos. Quizás tuviera razón, pero a mí no me gusta que eso (ser) (**g**) .... así.

Nota: *si necesitas aprender más sobre estas oraciones, consulta la unidad 4 del Nivel 2.*

5 Me encantaría que me escribieran.

(Oraciones sustantivas para expresar deseos que dependen de un verbo principal en condicional)

A

a Observa lo que respondieron estas personas cuando les preguntaron: "¿Qué es lo que más desearías en este momento?":

Ser superman

Que en mi país no hubiera que emigrar

Estar sentado en el salón de mi casa

Que hubiera un robot que hiciera todos los trabajos en casa

¡Una moto!

Que nuestros hijos ya fueran mayores

b Contesta las siguientes preguntas:

1. Las respuestas de todas las personas, ¿son deseos que se consiguen en el momento? _____.

2. ¿Se pueden cumplir en las condiciones actuales? _____.

c Completa este cuadro marcando la opción correcta:

> Contestamos a una pregunta con el verbo "desear" en la forma del Condicional Simple para informar de un deseo que (**sí / no**) se puede cumplir en las condiciones actuales.

B Observa las oraciones destacadas de las siguientes cartas, y contesta la pregunta que hay al final de este apartado:

Cartas *de los lectores*

Hola, me llamo Eva, tengo 11 años. **Quisiera escribirme** con chicas/os de todas las edades. Mis aficiones son: la música, ir al cine con mis amigas, leer, dibujar, etcétera. Si queréis escribirme, apuntad mi dirección...

(Correo, *Pequeño País.*)

Hola, tengo 10 años y dentro de muy poco cumplo los 11. Me llamo Mónica y mis aficiones son el deporte, la música, el inglés y el dibujo. Si compartes alguna de mis aficiones, **me gustaría que me escribieses.**

(Correo, *Pequeño País.*)

Hola, me llamo Alba y tengo 13 tacos. **Me encantaría que me escribieran** chicos y chicas más o menos de mi edad y de cualquier parte del mundo. Mis aficiones son: los deportes, la música moderna, salir y divertirme con mis amigos/as. ¡Ánimo, escribidme! Prometo contestar.

(Club de Amigos, *Blanco y Negro Guay.*)

Me gustaría ver más a menudo una crónica especial dedicada a los titulares de los periódicos europeos. Por otra parte, **me complacería** ver menos páginas dedicadas al deporte rey (casi déspota), que es el fútbol en este país.

(Extracto de la respuesta de S. Bruno en "¿Cómo nos ven en el futuro?", *El País Semanal.*)

Nota: *el Imperfecto de Subjuntivo del verbo "querer" puede ocupar el puesto del Condicional siempre que se conjugue con las terminaciones "iera-ieras-iera..."*

- ¿Qué verbos podríamos cambiar por "desearía"? Escríbelos aquí: _____, _____, _____, _____.

C Contesta Verdadero o Falso:

	V	**F**
Lo que está después de "desearía", "gustaría"... en estas oraciones es una oración subordinada con el verbo en infinitivo o subjuntivo.		

D Observa las respuestas de las siguientes personas a la pregunta "¿Qué espera usted del siglo XXI?", publicadas en un reportaje de "El País Semanal", y selecciona en los paréntesis de la derecha las opciones que te parezcan correctas.

Felipe Serrano
4 años

a.

1. ¿A quién le gustaría que se apareciera la Virgen? (a Felipe Serrano / a otra persona)
2. ¿Quién se aparecería? (Felipe Serrano / la Virgen)
3. La persona que tiene el deseo, ¿lo realizaría ella misma? (sí / no)
4. El verbo de la oración subordinada está en (Infinitivo / Subjuntivo)

"Me gustaría que se apareciera la Virgen"

Iván López
9 años

b.

1. ¿A quién le gustaría conocer a los jugadores del Real Madrid? (a Iván López / a otra persona)
2. ¿Quién conocería a los jugadores del Real Madrid? (Iván López / otra persona)
3. La persona que tiene el deseo, ¿lo realizaría ella misma? (sí / no)
4. El verbo de la oración subordinada está en (Infinitivo / Subjuntivo)

"Me gustaría conocer a los jugadores del Real Madrid"

c.

1. ¿A quién le gustaría poder ir al espacio? (a José Zamorano / a otra persona)
2. ¿Quién iría al espacio? (José Zamorano / otra persona)
3. La persona que tiene el deseo, ¿lo realizaría ella misma? (sí / no)
4. El verbo de la oración subordinada está en (Infinitivo / Subjuntivo)

José Zamorano
35 años

"Me gustaría poder ir al espacio en una nave grande y cómoda"

Mercedes Díaz
89 años

d.

1. ¿A quién le gustaría que encontraran algo para la artrosis? (a Mercedes Díaz / a los investigadores de la artrosis)
2. ¿Quiénes encontrarían algo para la artrosis? (Mercedes Díaz / los investigadores de la artrosis)
3. La persona que tiene el deseo, ¿lo realizaría ella misma? (sí / no)
4. El verbo de la oración subordinada está en (Infinitivo / Subjuntivo)

"Me gustaría que encontraran algo para la artrosis"

E Completa la siguiente regla seleccionando en los paréntesis la opción adecuada:

El verbo de la oración subordinada está en Infinitivo cuando la persona que tiene el deseo y la que lo realizaría (**es la misma / son diferentes**); está en Subjuntivo cuando (**son diferentes / es la misma**). En este último caso, la oración subordinada se une a la principal por medio del nexo "que".

F Selecciona en los paréntesis la opción correcta:

a. ¿Le gustaría (existir / que existiera) una emisora de radio filial de Globovisión?
☐ Sí ☐ No

b. ¿Le gustaría (ser / que fuera)…?
☐ AM ☐ FM

c. ¿Qué programas de Globovisión le gustaría (escuchar / que escuchara) en esa emisora?
☐ Primera Página ☐ En Vivo ☐ Plomovisión ☐ Grado 33 ☐ Debate…

d. ¿Le gustaría (ser / que fuera) 24 horas?
☐ Sí ☐ No

e. ¿Qué talento del canal le gustaría (escuchar / que escuchara) en esta emisora?
☐ José D. Blanco ☐ Macky Arenas ☐ Mariaelena Lavando…

(Extracto de una encuesta en Globovisión.com)

G Observa los tiempos verbales de las oraciones subordinadas:

- *¿Cómo le gustaría que fueran los debates televisivos presidenciales?*
  (Titular de "La Tercera".)

- *¿Qué tipo de acuerdo le gustaría que tuviera nuestro gobierno con la guerrilla colombiana?*
  (Titular de "Opinión".)

- *Me encantaría que me hablaras un poco más de esa universidad.*
  (Mensaje de Atala en Foro de Mensajes Sedetur en www.gr.gob.mx)

- *En El País Semanal me gustaría que se incorporara una sección sobre salud.*
  (Extracto de la respuesta de Emilia Liébana en *¿Cómo nos ven en el futuro?*, "El País Semanal".)

- *Me gustaría que chic@s de todas las edades me manden sus emilios*.*
  (Extracto de carta en Correo de *Pequeño País*.)

---

* emilios: coloquialmente, mensajes de correo electrónico.

– ¿Sabes lo que me irrita?
– ¿Qué?
– Esa tranquilidad de Juan Antonio: no está celoso.
– ¿Tú querrías que lo estuviera?
– No, por supuesto que no; pero tanta tranquilidad me parece excesiva. A veces tengo la impresión de que le encantaría que me reconciliara con Germán.

(Adolfo Marsillach: extracto de *Se vende ático*)

– Para terminar, ¿cómo quisiera que la gente se acercara a su último libro?
– Me gustaría que se acercara con complementariedad, con buena voluntad, con espíritu de diálogo...

(Extracto de una entrevista a Fernando Sánchez Dragó en *El Mundo*.)

Completa el siguiente cuadro:

En este tipo de oraciones, cuando el verbo de la oración principal está en Condicional Simple (o en las formas de "quisiera-as-a...") y hay que conjugar el de la subordinada, el verbo de ésta está casi siempre en

_____.

H Completa con la forma verbal adecuada del verbo que está entre paréntesis lo que dijeron en clase estos estudiantes sobre lo que les gustaría que cambiara.

Fátima Belgaid. Argelina.
Me gustaría que todos los inmigrantes (tener)
(a) _____ contrato de trabajo.

Sonia Bouffard. Canadiense.
Me gustaría que en todo el mundo (haber)
(b) _____ bares como los españoles.

Cindy Gace-Fauconnier. Francesa.
Me encantaría que no (ser) (c) _____ tan complicados los trámites administrativos en España.

Frank Goodey. Británico.
Me gustaría que se (hablar) (d) _____ más inglés
en España. De verdad... ¡Nadie habla inglés aquí!

Helena Havrilová. Eslovaca.
Me gustaría que los españoles (ser) (e) _____
más formales. Llamas a un fontanero, te dice que va a venir
a una hora y luego viene tres horas más tarde... cuando viene.

Giorgi Kelauridze. Georgiano.
Me gustaría que se (enseñar) (f) _____ más
la lengua española en mi país.

Elise Brossand. Francesa.
Me gustaría que los porteros de las discotecas no (ser) (g)
_____ tan antipáticos.

Ángela Vitale. Italiana.
Yo no quisiera que (cambiar) (h) _____ nada en
este país... ¡Es fantástico! Me siento como en casa.

Yu Mi Yeon. Coreana.
Me gustaría que en las calles de Madrid no se (hacer)
(i) _____ tantas obras. No se puede
andar tranquila por la calle.

Katrin Lottes. Alemana.
Me encantaría que no (haber) (j) _____
racismo en España.

Nota: *si necesitas aprender más sobre estas oraciones, consulta las unidades 3, 4 y 5 del Nivel 2.*

6

¡Que pena que te vayas! / ¡Fue una lástima que no estuvieras aquí. / Siento que no te hayas acordado. / Lamentamos que tenga que volver allí.

(Oraciones sustantivas con subjuntivo para hablar de nuestros sentimientos respecto a informaciones ya conocidas)

A Observa estas situaciones y contesta las preguntas:

1. ¿Expresan sus sentimientos las personas que hablan? ....

2. Si estas personas dijeran sólo "¡Qué bien!", "Me alegro", "Lo siento", "¡Qué lástima!", ¿se sabría lo que les produce alegría, pesar o lástima? ....

3. ¿Explican estas personas, o recuerdan a otras, lo que les produce alegría, pesar o lástima añadiendo a "¡Qué bien!", "Me alegro", "Lo siento", "¡Qué lástima!"... una oración subordinada? ....

4. El verbo de esta oración subordinada, ¿está en Indicativo o Subjuntivo? ....

5. ¿Qué nexo hay entre "¡Qué bien!", "Me alegro", "Siento", "¡Qué lástima!" y la oración subordinada? ....

B Completa este cuadro:

> Cuando hay que explicar, o recordar a otros, por qué tenemos un sentimiento, añadimos a "¡Qué bien!", "Me alegro", "Siento", "¡Qué lástima!"… el nexo _____ y una oración subordinada con el verbo en _____ _____.

C Selecciona en los paréntesis la opción correcta:

1
> ► (Me alegro de que hayas traído a tu primo a la fiesta. / Me alegro.)
> ▷ Es que llegó sin avisar y pensé que no te molestaría.

2
> ► ¿Sabes que ya he encontrado piso?… Es barato, céntrico, cómodo…
> ▷ (¡Qué bien que hayas encontrado piso barato, céntrico, cómodo… / ¡Hombre, qué bien!) Llevabas ya tiempo buscándolo, ¿no?

3
> ► (Es una lástima que José no termine sus estudios / Es una lástima.)
> ▷ Sí… Podría ser un ingeniero estupendo.

4
> ► Fran… ¿Qué te pasa que andas cojo?
> ▷ Es que tengo la rodilla mal. Me caí el otro día jugando al fútbol y me van a tener que operar.
> ► (Lo siento, chico, de veras… / Siento que te hayas caído jugando al fútbol y que ahora te tengan que operar.)

D

a **Lee estas cartas y escribe las oraciones de la caja en el lugar correspondiente.**

1. Es una lástima que en las gasolineras ya no ofrezcan el servicio que ofrecían.
2. ¡Qué vergüenza que los huelguistas hayan dejado tan sucio el aeropuerto de El Prat!
3. ¡Cómo me gustó que el olor de aquellas flores me hiciera compañía a lo largo del viaje!
4. ¡Cómo lamentaremos que, dentro de poco, los turistas ingleses se dirijan a otros lugares del Mediterráneo!
5. ¡Qué injusto sería que la Administración continuara olvidándose de estas pequeñas ciudades!

Cartas al director

a. Autovías para todos

No llego a comprender cómo en esta España que va tan bien quedan todavía tantas ciudades a las que no se puede llegar por autopista. Hablo de Soria, Teruel y Zamora, por citar sólo unas pocas.

_____

Víctor Sereno, Madrid.

b. Basuras en El Prat

Estos señores no sólo han incumplido los servicios mínimos, sino que también han ensuciado las instalaciones de manera vergonzosa y sin que las autoridades hicieran nada por impedirlo.

_____

África Munt, Barcelona

c. Gasolineras

Ahora, además de pagar la gasolina carísima, te la tienes que servir tú mismo, y ya nadie te ofrece hinchar las ruedas del coche ni limpiarte el parabrisas. No soy nostálgico, pero en esto... permítanme que lo sea.

_____

Javier Parondo, Vitoria.

d. Noticieros

He pasado unos días de vacaciones en Inglaterra, donde pude ver la importancia que los medios de comunicación locales dieron a la huelga de autobuses en las islas Baleares. Es natural que haya países dispuestos a invertir dinero que sirva para atraer a los viajeros que hasta ahora venían a España y, si las huelgas en los sectores que afectan al turismo continúan,_____

_____

Mario Fuentes Cortés, Valencia.

e. Feliz ocurrencia

Hice un viaje de Madrid a Badajoz por carretera a finales del pasado mes de mayo y escribo esta carta para expresar el gusto con que recorrí los 404 kilómetros que separan ambas ciudades. La mayoría del recorrido estaba adornado con flores que daban un colorido excepcional y un aroma ciertamente exquisito.

_____

Cándido Rangel Pizarro, Mérida.

(Extractos adaptados de Cartas al director, en *Viajes y Vacaciones*.)

b Une con flechas las formas verbales de las oraciones que has escrito con su tiempo cronológico:

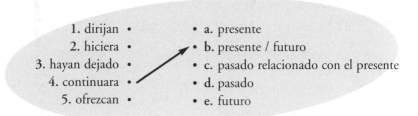

1. dirijan •
2. hiciera •
3. hayan dejado •
4. continuara •
5. ofrezcan •

• a. presente
• b. presente / futuro
• c. pasado relacionado con el presente
• d. pasado
• e. futuro

c Escribe el nombre del tiempo verbal que corresponde a cada una de esas formas:

dirijan •
hiciera •
hayan dejado •
continuara •
ofrezcan •

Presente de Subjuntivo
Pretérito Perfecto de Subjuntivo
Pretérito Imperfecto de Subjuntivo

E

a Observa estas viñetas y contesta Verdadero o Falso:

	V	F
1. El hablante no expresa sus sentimientos respecto a "hacer un examen en lunes", "estar al aire libre…", "entrar en un avión".		
2. El hablante, junto a otras personas, realiza esas acciones.		
3. El sujeto de la oración subordinada es general e incluye al hablante.		
4. El hablante aplica su propio sentimiento a todas las personas.		

b **Completa este cuadro:**

Cuando el sujeto de la oración subordinada es "todas las personas", el verbo de esta oración está en _____ y no hay nexo de unión.

F **Lee esta postal y escribe los verbos de los paréntesis en "infinitivo" o "que + subjuntivo":**

1. **TORERO:** ¡Qué peligro (encontrarse) _____ uno con un toro loco… ¡Y con esos cuernos!… ¡Más grandes que un estadio de fútbol son esos cuernos!… ¡Ay, qué miedo (cogerme) _____!

2. **JOVEN DEL BALCÓN:** ¡Qué gusto (venir alguien) _____ a cantarte al balcón!… ¡Y qué agradable (estar) _____ aquí, al fresco, después del calor que ha hecho todo el día!

3. **SEÑORA DEL BALCÓN:** ¡Que no se puede hacer tanto ruido a estas horas, hombre!… ¡Qué falta de respeto!… ¡Es una vergüenza que no (dejar, vosotros) _____ dormir a las personas decentes que mañana tienen que madrugar!

4. **CANTANTE:** ¡Qué alegría, mi niña, (salir) _____ al balcón y (aceptar) _____ desde su altura que le cante mi canción!.

Nota: *si necesitas aprender más sobre estas oraciones, consulta las unidades 4 y 5 del Nivel 2.*

7

Le ordeno que venga inmediatamente. / La ley prohíbe maltratar a los animales. / Me pidió que lo acompañara. / Yo no permitiría que se hablara mal de ti.

(Oraciones sustantivas con subjuntivo para expresar peticiones, órdenes, prohibiciones y permisos en presente, futuro y pasado)

7.1. Le ordeno que venga inmediatamente.

A Observa estos dibujos y escribe la frase de abajo que corresponda en cada caso:

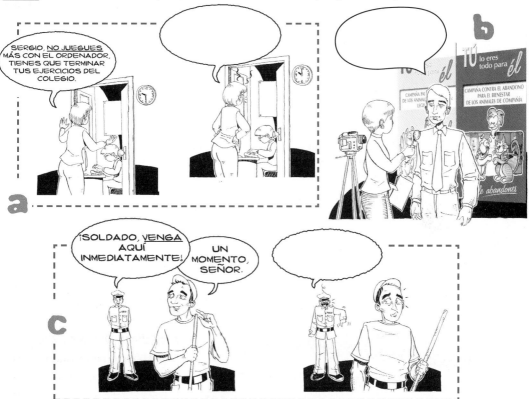

1. ¡Le ordeno que venga inmediatamente!

2. Te prohíbo que sigas jugando con el ordenador, tienes que hacer tus deberes.

3. En la campaña contra el abandono de los animales pedimos a las personas que tienen animales de compañía que se interesen por la ley y, por supuesto, que no los abandonen.

B Teniendo en cuenta lo que has observado, completa esta regla con las palabras Imperativo, Subjuntivo.

Cuando pedimos, ordenamos o prohibimos a alguien que haga algo podemos utilizar el _____ .
Si queremos remarcar nuestra petición, orden o prohibición podemos utilizar los verbos *pedir, ordenar, prohibir*, etc. seguidos de QUE + _____ _____. Utilizamos también esta estructura para contar a otros lo que nosotros mismos pedimos... o lo que otros piden... (Puedes consultar esto último en la Unidad 11: Estilo Indirecto).

C A continuación tienes una famosa canción de Pablo Milanés en la que el cantautor cubano dice a su amada qué cosas le pide. Ayúdanos a completarla con la forma del subjuntivo que estás aprendiendo:

Yo no te pido
que me (a)*(BAJAR)* _____ *una estrella azul,*
sólo te pido
que mi espacio (b)*(LLENAR)* _____ *con tu luz.*

Yo no te pido
que me (c)*(FIRMAR)* _____ *diez papeles grises para amar,*
sólo te pido
que tú (d)*(QUERER)* _____ *las palomas que suelo mirar.*

D Además de los verbos anteriores existen otros que sirven también para ordenar, prohibir o pedir algo a alguien y por eso van también seguidos de subjuntivo. Observa estos titulares de prensa:

La Asamblea de mineros *exige* que se *paguen* todas las indemnizaciones pendientes

El acuerdo entre empresarios y sindicatos del sector textil *impide* que *se pierdan* 5000 puestos de trabajo

LA LEY DE EXTRANJERÍA *PERMITE* QUE *SE EXPULSE* A LOS INMIGRANTES ILEGALES

E Ahora busca tú dentro de este cuadro otros verbos que sirvan para pedir, ordenar, permitir o prohibir algo a alguien:

> Rogar • ver • solicitar • hablar • suplicar • sugerir
> consentir • participar • obligar a • salir

F Completa esta solicitud con los verbos permitir, ser y llevar.

SOLICITUD

Escuela Oficial de Idiomas
COMUNIDAD AUTÓNOMA DE MADRID

DATOS PERSONALES

Nombre: Yolanda **Apellidos:** González Sanz

Dirección: Carboneras, 27-1.º Izda. **Localidad:** Madrid

Provincia: Madrid **Código Postal:** 28024 **Teléfono:** 91 546 39 27

DNI o pasaporte: 4328564X

EXPONE:

Que actualmente se encuentra matriculada en el tercer curso de inglés en el horario de 10.00 a 11.00 horas. Sin embargo, por cambio en el turno de su trabajo le resulta imposible asistir a las clases, ya que su jornada laboral en este momento es desde las 8.00 hasta las 15.00 horas (se adjunta certificado de la empresa). Ha intentado asistir a las clases de la tarde pero el profesor le exige que (a) _____ una autorización oficial del administrador.

SOLICITA:

Que le (b) _____ el cambio al turno de la tarde, en cualquiera de sus horarios. Asimismo ruega que (c) _____ en el menor plazo posible, ya que lleva una semana sin poder asistir a clase.

En Madrid, a 15 de mayo de 2007

(Firma del interesado/a)

A Lee este titu-
lar y contesta
las preguntas:

> **L**as Reglas de los Oscar dividen a Hollywood.
> Muchos académicos piden conocer los resulta-
> dos de las votaciones y que el voto sea secreto.
>
> (*El País*)

a En "**Muchos académicos piden conocer los resultados de las votaciones**":

1. ¿Quiénes hacen la petición? _____

2. ¿Quiénes deben conocer los resultados? _____

3. ¿El sujeto de las dos oraciones es el mismo? _____

b En "**Muchos académicos piden (...) que el voto sea secreto**":

1. ¿Quiénes hacen la petición? _____

2. ¿Qué debe ser secreto? _____

3. ¿El sujeto de las dos oraciones es el mismo? _____

B Ayúdanos a completar la regla seleccionando la opción que te parezca más adecuada:

> Utilizamos los verbos *pedir, rogar, solicitar* o *exigir* seguidos de (INFINITI-
> VO / SUBJUNTIVO) cuando su sujeto y el de la oración subordinada es el
> mismo. Este uso es frecuente en peticiones de carácter colectivo, que afectan
> a grupos, asociaciones, etc., y es propio también del lenguaje formal.

C Teniendo en cuenta lo anterior, selecciona el verbo correcto en los siguientes titulares de noticias:

a. Los vecinos de la Urbanización "Los Rosales" exigen TENER / QUE TEN-
GAN las máximas condiciones de seguridad en sus casas y culpan a la empresa
constructora por el uso de materiales demasiado baratos.

b. Tras la reunión con la Asociación de Consumidores, los farmacéuticos solici-
tan al ayuntamiento AUTORIZARLES / QUE LES AUTORICE a ampliar el
horario de apertura al público.

c. Los ganaderos han pedido PAGAR / QUE PAGUEN menos impuestos durante los
próximos cinco años, para compensar las pérdidas por el mal de las "vacas locas".

d. El gobierno extremeño solicita AMPLIAR / QUE AMPLÍE sus competencias
en educación, igual que ha ocurrido con las demás comunidades autónomas.

e. Los salvadoreños exigen a su gobierno REPARTIR / QUE REPARTA la ayuda
internacional, especialmente los medicamentos y la comida.

Lee ahora estos textos y contesta las preguntas:

1 La Ley 1/90 de Protección de los Animales Domésticos de la Comunidad de Madrid, regula la obligatoriedad de mantenerlos en buenas condiciones higiénico-sanitarias.
Además prohíbe:
   - Maltratarlos,
   - abandonarlos,
   - mantenerlos en instalaciones indebidas,
   - venderlos a menores o incapacitados,
   - y en general todo aquello que les pueda producir daños innecesarios.

a. ¿Quién prohíbe todo eso? _____

b. ¿Quién no debe maltratar, abandonar, etc. a los animales? _____

c. ¿El sujeto de las dos oraciones es el mismo? _____

d. ¿Llevan estos verbos Subjuntivo? _____

e. Observa también este titular de la revista MIA y contesta a la pregunta.

2 # Duerme bien y "ponte las pilas*"

Pasar una noche tranquila y descansada te permitirá recargar las baterías y sentirte en plena forma toda la jornada.

* "Ponerse las pilas": expresión coloquial que significa recargarse de energía.

El sujeto de *permitirá* es la oración anterior (Pasar una noche tranquila y descansada). ¿Cuál es el sujeto de *recargar* y *sentirte*?
_____

(Extracto de artículo en revista *MÍA*.)

E **Completa la regla con las palabras distinto e Infinitivo.**

Algunos de los verbos de esta unidad admiten el _____ aunque el sujeto de las dos oraciones sea _____. Es más frecuente cuando se trata de una norma o indicación general que afecta a todo el mundo.
Estos verbos son:

> ordenar mandar permitir consentir obligar a impedir prohibir

Los que no admiten esa posibilidad son:

> pedir   rogar   solicitar   exigir

F ¿Recuerdas las oraciones de 7.1. A? Completa este ejercicio con ellas, pero ten en cuenta que en una no será posible utilizar el infinitivo.

Te prohíbo que sigas jugando con el ordenador
= Te prohíbo seguir jugando con el ordenador
Pedimos a las personas que tienen animales de compañía que se interesen por la ley
=
¡Soldado, le ordeno que venga inmediatamente!
=

¿CON QUÉ VERBO NO HAS PODIDO USAR INFINITIVO? _____

G Lee este texto:

El Tribunal Supremo ha dado permiso al Ayuntamiento de Madrid para que obligue a Renfe a *colocar pantallas antirruido en la estación de Atocha*. Según fuentes jurídicas, si Renfe se niega a hacerlo el Ayuntamiento puede efectuarlo por su cuenta y luego exigir *a la compañía que pague*.   (Extracto de una noticia de José Antonio Hernández para *El País*.)

a. ¿Es posible cambiar el verbo de la primera oración en cursiva por "que coloque"?

_____

b. ¿Es posible cambiar el verbo de la segunda oración en cursiva por "pagar"? _____

7.3. Me pidió que lo acompañara.

A Lee esta noticia y contesta las preguntas:

La policía no permitió que se celebrara la manifestación de okupas*

El pasado 13 de enero tuvo lugar una de las mayores manifestaciones de Okupas que se recuerda en Madrid. Más de 15.000 personas se concentraron en la glorieta de Atocha entre las 10 y las 11 de la mañana, lo que provocó un completo caos circulatorio. Según el Ministerio de Interior, nadie había solicitado autorización y por eso la policía **impidió** que los manifestantes **ocuparan** la calle y **realizaran** cortes de tráfico.

Sin embargo, el portavoz de "OKUPAMADRID", principal asociación convocante, aseguraba ayer en rueda de prensa que **habían solicitado** en numerosas ocasiones que les **permitieran** manifestarse, pero no habían obtenido ninguna respuesta por parte del ministerio. "La policía **obligó** a todo el mundo a que **abandonara** la zona y algunos fueron golpeados sin ninguna consideración".

* **Okupas:** personas que viven en una casa que no es de su propiedad y sin tener el permiso del dueño.

a. La noticia se refiere a un hecho del

☐ 1. presente   ☐ 2. pasado   ☐ 3. futuro

b. Los verbos marcados en subjuntivo están en

☐ 1. presente   ☐ 2. imperfecto   ☐ 3. pretérito perfecto

B **Teniendo en cuenta lo que has observado, completa la siguiente regla con las palabras, pasado, exige y Subjuntivo.**

Cuando la **oración principal** (que pide, _____ , prohíbe ... algo) está en _____ , la **oración subordinada** (que dice lo que se pide, lo que se ordena, lo que se prohíbe...) suele llevar el verbo en Imperfecto de _____ .

C **Aquí tienes un texto en el que Joaquín García, un jubilado extremeño de 68 años, recuerda cómo fueron su infancia y adolescencia. Elige el verbo que creas correcto:**

Cuando yo era pequeño las cosas eran muy diferentes. La relación con los padres, por ejemplo. Mi padre no permitía que nadie le LEVANTE / LEVANTARA la voz, y mucho menos que le CONTRADIJÉRAMOS / CONTRADIGAMOS, porque para eso era el padre, el único que tenía autoridad dentro de la casa. Si queríamos algo de él mis hermanos y yo utilizábamos el método indirecto, o sea, mi madre. A ella le pedíamos que nos COMPRARA / COMPRE la bicicleta, que nos DEJE / DEJARA ir en verano a los campamentos, que nos AUMENTARA / AUMENTE un poco la paga de los domingos... En fin, cualquier cosa. El método indirecto exigía que por la noche ESTEMOS / ESTUVIÉRAMOS muy atentos a lo que ocurría en su habitación, porque era el momento en que mi madre transmitía nuestras peticiones. Si la luz se mantenía encendida durante un tiempo estábamos salvados, habíamos tenido éxito; si la luz se apagaba enseguida y no se oía un ruido era que mi padre había dicho un *no* rotundo y aplastante que nos obligaba a PENSAR / PENSÁRAMOS en otra estrategia. Creo que a fuerza de pensar y pensar tanto desarrollamos mucho nuestro cerebro.

Ahora todo es diferente. No digo que tenga que ser tan estricto como antes, pero quizá los padres sean demasiado protectores de sus hijos. Si el niño pide que le COMPREN / COMPRARAN algo, los padres se lo compran sin pensar, aunque no sea bueno para él, o no haya mucho dinero, o tenga veinte iguales en su casa. Y de la disciplina ni hablamos, porque eso sí que ha cambiado radicalmente, antes las buenas costumbres exigían que TUVIÉRAMOS / TENEMOS educación, respeto por los mayores, etc. Ahora parece que sólo se valoran la juventud, la rapidez, el descaro, y casi nos obligan a ESCONDERNOS / QUE NOS ESCONDIÉSEMOS a los que ya tenemos unos añitos.

7.4. Yo no permitiría que se hablara mal de ti.

A **Lee estas oraciones y completa la regla:**

– ¿Por qué se quedó ayer Miguel en el despacho del jefe hasta tan tarde?
– No sé, le pediría que le ayudara a revisar los contratos.

– ¿Qué harías si ahora mismo apareciera tu ex novia?
– Le suplicaría que me perdonara y volviera conmigo.

– ¿Sabes que han detenido a la mujer del Presidente del Banco Nacional?
– ¿Por qué?
– Porque era su cómplice, las cuentas del banco estaban a su nombre.
– Pues que se fastidie, lo que es yo, nunca permitiría que mi marido se metiera en negocios sucios.

Cuando la **oración principal** lleva el verbo en ________________, **la oración subordinada** suele llevar el verbo en ________________ de Subjuntivo.

B **¿Qué harías si fueras el Presidente del Gobierno de tu país? Escribe cuatro oraciones relacionando las tres columnas y utilizando el subjuntivo. (En una frase la columna segunda no es necesaria).**

• ordenaría • (no) permitiría • prohibiría	• al ministro de Hacienda • a las petroleras • al Parlamento	• subir los impuestos • bajar el precio de la gasolina • eliminar la pena de muerte • ser obligatoria la enseñanza

____

____

____

____

C **Completa los siguientes textos con el verbo en la forma adecuada:**

Timoteo: ¿Qué hacéis los dos aquí juntos? ¿A qué has venido, Luis?

Luis: Ahora mismo marchaba. Sólo vine a darte las gracias por lo que hiciste por mí, y me entretuve un poco hablando con Adelaida.

Timoteo: Bien, quiero que sepas una cosa: lo he hecho por tus padres, me daba pena de ellos. Si quieres que sea sincero, (enfatizando) y yo lo soy, los individuos como tú no me gustan nada. Te rogaría que no (a) (VENIR) _____ más por esta casa, y menos aún te consiento que (b) (ESTAR) _____ con mi hija.

Adelaida: (Indignada) ¡Padre! ¿Cómo puedes decir eso? Estamos aquí gracias a Luis.

Timoteo: ¡Cállate! Esta casa pronto volverá a ser nuestra, no la tenemos por qué compartir con nadie.

Luis: Eso el tiempo lo dirá, en cuanto a lo de su hija no tiene que preocuparse; no tengo dotes de seductor, ni la pensaba raptar. (Pausa) Y le voy a decir más: no se sienta tan orgulloso de esta casa, porque el día menos pensado puede quedar hecha cenizas.

Timoteo: ¡No te consiento que me (c) (AMENAZAR) _____! ¡Recuerda que soy tu tío y además te saqué de la cárcel!

Luis: Si fuera por usted me mandaría otra vez a ella.

(Fragmento de la obra de teatro *Adelaida* de Carlos Gallego.)

... tengo aquí un informe sobre todas las actividades desarrolladas en torno al plan para la Región Austral, que me permitiré dejar a disposición de los señores Senadores. Con la venia del señor Presidente, solicitaría que el señor Ministro de Economía (d) (COMPLETAR) _____ el tema con una exposición acerca de las medidas completas del plan estratégico para el desarrollo de la Zona Austral.

(Fragmento adaptado de un discurso político en el parlamento chileno.)

Relegar al castellano, en todos los ámbitos de la Administración y de la cultura, obedece a un plan político, y no a una particular animadversión a la lengua de Cervantes. Pujol (*) y los suyos saben que para ser considerados una nación, en el concierto internacional, deben tener una lengua que se utilice de forma exclusiva en todos los ámbitos de la vida pública.
La responsabilidad de los partidos políticos exigiría que todos y cada uno de ellos (e) (EXPLICAR) _____ al electorado no sólo el final del camino sino también el trayecto por el que quieren que discurra el renacimiento de Cataluña.

(Extracto del artículo de Raúl Heras "Renacimiento de una nación", en el periódico *El Mundo*.)

(*) Ex presidente del Gobierno de Cataluña, comunidad española en la que las lenguas oficiales son el español y el catalán.

Nota: *si necesitas saber más sobre estas oraciones consulta la unidad 6 del Nivel 2.*

8

Le aconsejo que haga ejercicio. / Es mejor llegar pronto. / Sería bueno que hablarais con ella. / ¿Y si fuéramos mañana al cine?/ Te aconsejé que no le prestaras dinero.

(Oraciones con subjuntivo para la expresión de consejos y sugerencias en presente, pasado y futuro)

8.1. Le aconsejo que haga ejercicio.

A Lee estos textos y completa el cuadro:

venca
es todo lo que yo quiero

GARANTÍA DE SATISFACCIÓN

Este artículo está garantizado por nuestro COMPROMISO DE CALIDAD.

Algunos tejidos pueden sufrir arrugas a consecuencia del transporte.

*Para que usted pueda ver y probarse la prenda en las mejores condiciones, **le recomendamos que la cuelgue en una percha y la deje durante algunas horas en una habitación cálida.***

GRACIAS POR CONFIAR EN VENCA.

– ¿Tiene ya los resultados de los análisis, doctor?

– Sí, el nivel de colesterol está dentro de los límites normales... no hay ningún problema. De todas formas, teniendo en cuenta sus antecedentes familiares, **le aconsejo que se haga una revisión todos los años** y, sobre todo, **que cuide su dieta y haga algo de ejercicio.**

Oración principal	Oración subordinada (que expresa el consejo)	La oración subordinada lleva el verbo en
1. Le recomendamos	Que la cuelgue ... y la deje ...	
2.		

B Ayúdanos a completar la regla:

Cuando damos un consejo a alguien podemos utilizar los verbos *recomendar* y *aconsejar* seguidos de una oración subordinada que lleva el verbo en _____.

C Imagina que uno de tus amigos se encuentra en una de las siguientes situaciones y tú quieres darle un consejo. ¿Qué le dirías?

SITUACIÓN	CONSEJO
• Ha bebido mucho y tiene que coger el coche.	• Vacunarse.
• Quiere adelgazar.	• Contratar un guía local.
• Ha perdido mucho peso.	• Ir al médico.
• Va a viajar a un país centroafricano.	• Hacer una revisión general del coche.
• Va a escalar el Everest.	• Coger un taxi.
• Va a hacer un viaje largo en coche.	• No comer dulces ni grasas.

1. Has bebido mucho, te aconsejo que _____

2. Si quieres adelgazar, te recomiendo que _____

3. _____

4. _____

5. _____

6. _____

D Marta y Francisco han ido a un restaurante a cenar. Lee su diálogo y escribe después cuál es el verbo que podemos utilizar con el mismo sentido que *aconsejar* o *recomendar*.

Marta: De primero quiero una sopa de marisco y de segundo escalopines de ternera.
Francisco: Yo también sopa y de segundo, no sé...
Camarero: Le sugiero que pruebe la lubina al horno, es la especialidad de la casa.
Francisco: Pues muy bien, lubina al horno.

El verbo es _____

E Observa las frases que están en negrita y completa el cuadro de la página siguiente:

A LA NIEVE CON SEGURIDAD

No es aconsejable que practiques un deporte con una absoluta falta de forma, ya que la lentitud de reflejos, además de poder causar una lesión, puede provocar accidentes. Te recomendamos que visites previamente el gimnasio, lo ideal sería un mínimo de tres horas semanales, para trabajar cintura, caderas y piernas. También **es recomendable que hagas algunos ejercicios** que te ayuden a mejorar el equilibrio, básicamente ejercicios lumbares y abdominales.

(Adaptación del artículo de Juana M.ª Ibarra en la revista *Muy saludable*.)

No es necesario que abras un negocio en el mismo sector en el que has trabajado hasta ahora, pero los expertos aconsejan probar en el mismo porque da más seguridad y confianza. En el caso de hacerlo en un sector distinto, **es recomendable que te rodees de expertos o socios familiarizados con él**.

(Extrato del artículo "De directivo a empresario" de la revista *Emprendedores*.)

1

ACONSEJAR ╋ SUBJUNTIVO ═

ES _____ ╋ SUBJUNTIVO

RECOMENDAR ╋ SUBJUNTIVO ═

___ _____ ╋ SUBJUNTIVO

2

¿Cuál es la diferencia entre las dos formas de dar un consejo o una recomendación? (señala la opción correcta):

❑ a. No hay ninguna diferencia.

❑ b. Con "ES + ADJETIVO" el consejo o la recomendación se da de forma impersonal.

❑ c. Con el verbo conjugado el consejo es más general.

F **En los siguientes textos aparecen las expresiones y verbos anteriores junto con otros que podemos utilizar también para dar consejos o hacer sugerencias. Escribe el verbo del paréntesis en la forma correcta:**

1. Si madrugas vete a la cama pronto. Es mejor que te (a) (ACOSTARSE) _____ antes de medianoche si te levantas muy temprano.
Apúntate a una siesta de 20 minutos. Si llega la hora de levantarte y no te sientes suficientemente recuperada, lo ideal es que (b)(ALARGAR) _____ el sueño matinal un rato.

(Extracto del artículo "Duerme bien y ponte las pilas" de la revista *MÍA*.)

2. A mediados de los noventa conoció a Miguel Winder, un español que había fundado, en 1981, en California, SMS USA, compañía de servicios de tecnologías de la información en ingeniería de sistemas y provisión de servicios de aplicación por internet. Winder se plantea operar en Europa y tras varios encuentros le propone a Kumpel que (c)(LIDERAR) _____ el proyecto.

(Extracto de entrevista a Daniel Kumpel, director general de SMS Europa, en *Emprendedores*.)

3. Un caso aparte es el de los patines y monopatines, ya que los niños que los usan no pueden ser considerados ni peatones ni conductores y, por tanto, no podrían transitar ni por las carreteras ni por las aceras.

Según explicó José Luis Resano, en estos casos, los niños deben acostumbrarse a utilizar los patines solamente en los lugares de la ciudad en los que no pueden convertirse en un peligro, tales como parques y pistas de patinaje. En los desplazamientos es conveniente que los niños (d) (LLEVAR) _____ los patines al hombro.

(Extracto del artículo "El niño como peatón, pasajero y conductor" en el *Diario de Navarra*.)

4. ¿Por qué tengo tantos ataques de pánico?

(...) Lo que debes hacer es afrontar directamente aquello que temes hacer. Al principio conviene que te (e) (DEJAR) _____ acompañar por alguna persona que sea de tu confianza; poco a poco vencerás el temor hasta no necesitar la compañía de nadie.

(Extracto de la respuesta del psicólogo Bernabé Tierno a la pregunta de una lectora, en la revista *MÍA*.)

5. Lo ideal es que, cuando una persona inicie un tratamiento homeopático, no (f) (TOMAR) _____ ninguna otra sustancia medicinal de otro origen, aunque esto no es siempre posible. Debe ser el médico homeópata quien decida qué opción es mejor para cada caso.

Por lo que respecta al ámbito de aplicación de estos tratamientos, los médicos homeópatas prefieren tratar al núcleo familiar. Es mejor que todo el núcleo familiar (g) (ADOPTAR) _____ la homeopatía porque la base de la salud se encuentra en su entorno.

(Extracto del artículo "Homeopatía. La *otra* medicina" en la revista *Muy saludable*.)

G En el siguiente cuadro aparecen todos los verbos y expresiones que estamos viendo en esta unidad para dar consejos o hacer sugerencias. Intenta seleccionarlos:

• participar	• está claro	• sugerir
• proponer	• lo ideal es	• es aconsejable
• es mejor	• controlar	• es bueno
• es cierto	• convenir	• recomendar
• aconsejar	• es recomendable	• lo mejor es
• recordar	• es conveniente	• lo fundamental es

A Lee este fragmento de una entrevista a un médico en la radio y responde a las preguntas:

— *Doctor, ¿qué nos aconseja con respecto al colesterol?*
— Como en la mayoría de los casos, **lo importante es cuidar la dieta y hacer algo de ejercicio**, es decir, simplemente, **llevar una vida sana**. Cuando se trate de personas que tengan antecedentes familiares de colesterol alto, **es aconsejable hacerse un análisis de sangre una vez al año.**

a ¿Quién debe cuidar la dieta, llevar una vida sana, etc.?

❑ 1. La misma persona que da el consejo.

❑ 2. La persona con la que habla el que da el consejo.

❑ 3. Es un sujeto general, cualquiera que esté en esa situación.

b El verbo que expresa el consejo no está en Subjuntivo sino en
_____ .

B Completa la regla siguiente:

Cuando aconsejamos o sugerimos a alguien que haga algo podemos expresar el consejo o la sugerencia en Subjuntivo o en _____. En este último caso suele tratarse de consejos que valen para todo el mundo, por eso normalmente no especificamos a quién o quiénes van dirigidos.

C Observa las oraciones en negrita:

DISCUTIR SIN ENFADARSE

¿Cuándo es conveniente manifestar el malestar?
Es aconsejable que expresemos el malestar que sintamos ante un conflicto, pero **es conveniente hacerlo en el momento en que estemos calmados** y después de haber reflexionado sobre el problema que deseamos discutir.
¿Cuál es la solución?
En resumen, hay que combinar el hecho de ponernos en el lugar del otro y el de ser habilidosos en la forma de expresar opiniones. **Es conveniente manifestar el malestar** después de haber reflexionado con tranquilidad.

(Extracto de artículo de la revista *MÍA*.)

¿Se cumple aquí también la regla anterior? _____

D Completa los textos con el verbo en el tiempo adecuado:

Una de las situaciones más comprometidas es, llegado el momento de marcharse de la empresa, cómo podemos explicar a nuestros jefes que vamos a emprender una aventura en solitario. Para Albiach, "Hay que explicarles que siempre has sido una persona emprendedora e inquieta y que quieres sentirte realizado profesionalmente" Y, ¿qué pasa si el nuevo negocio no resulta exitoso? ¿Es recomendable **(a)** (VOLVER) _____ a nuestro antiguo puesto? Albiach considera que, en esos casos, "nunca se debe volver porque se interpretaría como un fracaso y lo mejor es **(b)** (CAMBIAR) _____ de compañía."

(Extracto del artículo "De directivo a empresario" en la revista *Emprendedores*.)

▶ ¿Es conveniente **(c)** (COMPRAR) _____ hamburguesas o salchichas, o es más recomendable **(d)** (HACERLAS) _____ una misma?
▷ No importa cómo lo hagamos, lo fundamental es que todas las materias primas que intervengan en el proceso **(e)** (SER) _____ de calidad.
▶ ¿Es mejor **(f)** (COMPRAR) _____ huevos sueltos o de los que ya vienen en cajas?
▷ Conviene **(g)** (COMPRAR) _____ en un lugar que te ofrezca garantía, no importa tanto que vengan envasados. Lo que sí es fundamental es que, una vez comprados, **(h)** (MANTENERSE) _____ en las condiciones de refrigeración oportunas.

(Adaptación del artículo "La etiqueta asegura la calidad del alimento" en la revista *Saber vivir.*)

8.3. Sería bueno que hablarais con ella.

A A continuación tienes unos extractos de la revista *MÍA* en los que el psicólogo Bernabé Tierno contesta a preguntas de las lectoras. Fíjate en las oraciones que hemos destacado y contesta la pregunta:

Tenemos dos hijas maravillosas y siempre las hemos tratado igual. La pequeña ha estado varios veranos en el extranjero y hemos asumido los gastos porque creemos que es bueno para su formación. El problema es que ahora la mayor necesitaba un coche por motivos de trabajo y nosotros le hemos dado el dinero y la pequeña nos exige que le compremos a ella otro.

... Hablad con ella y demostradle que estaréis ahí cuando os necesite, pero ahora no hay necesidad. Hacedle ver que el cariño no se demuestra por lo que se compra o se da, sino por las relaciones que se establecen. Por algún motivo ella está dolida y **sería bueno que le hablarais sinceramente y le dejarais claro que la queréis**, pero que es ella quien tiene que superar esa especie de celos de su hermana que parece que está experimentando ahora.

Desde que murió mi padre vivo con mi madre y mi hermano. Él tiene 25 años, no trabaja y cada día nos exige más. Yo tengo 28 años y estoy trabajando desde los 23. ¿Qué podemos hacer para sacarle de su comodidad y para que deje de aprovecharse de nosotras?

Las dos tenéis que poneros de acuerdo, sentaros un día tranquilamente y hablar muy en serio con él. **Lo mejor sería que le dejarais claro que tiene que aprender a tener una ocupación** y que no puede seguir viviendo a vuestra costa. Tiene que entender que por su bien debe salir de casa, trabajar, luchar, incluso sufrir y pasarlo mal, si fuera necesario. Reaccionará si actuáis con firmeza hasta el final.

Usamos el Condicional para dar un consejo cuando

☐ *a.* estamos ante una situación imposible.

☐ *b.* queremos sugerir algo de una forma más amable.

☐ *c.* queremos ser más enérgicos.

B **Completa la regla con las palabras Imperfecto y Condicional.**

Cuando damos un consejo o hacemos una sugerencia y el verbo de la oración principal está en _____, el verbo de la oración subordinada suele estar en _____ de Subjuntivo.

C **Teniendo lo anterior en cuenta, completa los siguientes textos, que son también respuestas del psicólogo a problemas de los lectores:**

Mi marido es un hombre adicto al trabajo.

¿Qué puedes hacer para convencer a tu marido de que el trabajo, tal como él lo vive, como una obsesión, está poniendo en peligro la convivencia conyugal y familiar e incluso su equilibrio personal? La experiencia de otros muchos casos me dice que si sólo eres tú quien trata de convencerle, no vas a lograr nada, y que sería bueno que (a) (CONTAR)_____ con el apoyo de algún amigo común que le haga reflexionar un poco. Te sugiero que te (b) (SENTARSE) _____ con tu marido a charlar, siempre que lo encuentres en un buen momento, y le (c) (DECIR) _____ claramente que tiene que dejar un mínimo de tiempo para su familia.

Somos tres hermanos de 19, 21 y 23 años. Los tres hemos crecido apoyándonos unos a otros porque desde pequeñitos nos educaron para que nos "buscáramos la vida". Somos estudiosos, ordenados, autónomos... Siendo todavía unos niños nos hacíamos la cama, cocinábamos y fregábamos, mientras que nuestros padres se dedicaban a ocuparse de sí mismos y sus trabajos. Los tres nos queremos mucho, pero envidiamos a quienes tienen el cariño de sus padres.

... debéis seguir tan unidos como hasta ahora y tratar de ver la parte positiva que puede deducirse de vuestra vida y es que, al tener que organizaros vosotros solos, os habéis hecho fuertes, y no todo es negativo en vuestra vida. Si os ponéis de acuerdo los tres podríais tener algún día una reunión con vuestros padres, y tratar de hacerles ver que habéis crecido con importantes carencias afectivas y que sería bueno que, aunque tarde, **(d)** (RECUPERAR) _____ en lo posible el tiempo perdido.

Trabajo desde hace un año en un supermercado. Cuando se hizo el reparto de las vacaciones, yo pedí el mes de julio y no hubo ningún problema, pero a principios de junio mi jefa me dijo que no las podía coger en ese mes porque es el que mejor le viene a ella y que le gustaría que yo me quedase al tanto de todo, ya que estoy más preparada que las demás. Yo me enfadé mucho, empecé a discutir con ella y le dije algunas cosas de las que ahora me arrepiento. Me siento mal y no puedo aguantar más la tensión que hay entre nosotras.

Lo mejor sería que **(e)** (HABLAR) _____ con ella y le **(f)** (DECIR) _____ cómo te sientes por lo que ha pasado.

8.4. ¿Y si fuéramos mañana al cine?

A Observa este anuncio:

a **Fíjate bien en la pregunta que hacen:** *¿y si lo protegieras al mismo tiempo?* **¿Cuáles de las siguientes oraciones significan lo mismo?**

1. ¿Debes protegerlo al mismo tiempo?
2. ¿Por qué no lo proteges al mismo tiempo?
3. ¿Y si lo proteges al mismo tiempo?
4. ¿Tendrías que protegerlo al mismo tiempo?

B Tacha todo lo que no es correcto:

¿Y SI +	Presente de Subjuntivo	...?	=	PETICIÓN
	Imperfecto de Subjuntivo		=	SUGERENCIA
	Futuro		=	ORDEN

C A continuación te proponemos varias situaciones para que hagas sugerencias utilizando el subjuntivo con la última estructura que hemos visto:

1 Quieres ir a bailar el próximo sábado con tus amigos, ¿cómo se lo propones?
....

2 Hace tiempo que quieres apuntarte a un gimnasio y te gustaría que un compañero del trabajo se apuntara también. ¿Cómo se lo sugieres?
....

3 El verano se acerca y tus padres necesitan un descanso, sugiéreles que se vayan de vacaciones a algún lugar tranquilo.
....

4 Uno de tus amigos ha suspendido varias asignaturas, sabes que estudia mucho pero piensas que tal vez necesite un poco de ayuda extraescolar. Sugiérele que busque un profesor particular.
....

8.5. Te aconsejé que no le prestaras dinero.

A Lee este diálogo y observa las oraciones en negrita:

– Ayer por fin localicé a Carlos y le pedí que me devolviera el dinero.
– *¿Y lo hizo?*
– ¡Qué va!, me dio mil excusas, que si estaba buscando piso y no tenía suficiente, que si su jefe no le había pagado el último mes...
– *¿Por qué no le dijiste que tú también querías cambiarte de piso y necesitabas el dinero?*
– Pero si lo hice, y entonces él **me propuso que alquiláramos uno entre los dos para compartir los gastos.**

– *¡Qué morro!* [1]

– Ya, pero ¿qué hago yo ahora?

– *Pues no sé, yo ya **te aconsejé que no le prestaras nada**, pero tú eres incapaz de decir que no, a ver si vas aprendiendo.*

[1] Expresión coloquial que se utiliza entre los jóvenes para referirse a alguien que no siente vergüenza por aprovecharse de una situación.

B **Completa la regla con las palabras** pasado, Imperfecto.

> Cuando damos un consejo o hacemos una sugerencia y el verbo de la oración principal está en _____, el verbo de la oración subordinada suele estar en _____ de Subjuntivo.

C **Hemos hecho una entrevista sobre la situación del fútbol actual a uno de los entrenadores más famosos que hay en España. Intenta completarla con los verbos del cuadro en el tiempo adecuado:**

> FICHAR • CREAR • CONTAR • FUNCIONAR
> MANTENER • FORMAR • TENER

▶ ¿Encuentra muchas diferencias entre el fútbol de antes y el de ahora?

▷ Sí, desde luego. Antes el fútbol sólo era un deporte, ahora es mucho más, es un gran espectáculo de masas y, por lo tanto, un negocio que mueve grandes cantidades de dinero, por ejemplo con los fichajes. Antes siempre se recomendaba, sobre todo a los equipos pequeños, que (a) _____ escuelas de fútbol, ligas infantiles..., porque los equipos se nutrían en gran parte de esos jugadores que habían crecido sintiendo unos colores y una camiseta. Por esa razón, la relación con los aficionados también era más cercana. Sin embargo, desde que los equipos se han internacionalizado se ha perdido ese referente geográfico. Ahora, como los equipos tienen más dinero que antes, conviene (b) _____ grandes figuras que aporten espectáculo para que se hable del equipo a todas horas. Sin embargo, eso no siempre es bueno, con frecuencia comprobamos que algunos fichajes millonarios aportan poco a la plantilla. Lo mejor sería (c) _____ con jugadores que se identificaran más con el club y rindieran en el campo.

▶ ¿ Cuál es, según Vd., el jugador ideal de cualquier equipo de primera división?

▷ Bueno, está claro que no existe el jugador ideal. Antes parecía que lo mejor era (d) _____ varios talentos que resolvieran las oportunidades de gol que se producían. Ahora el fútbol es mucho más defensivo, los jugadores cada vez están más preparados, son grandes atletas, y claro, también es cada vez más difícil meter goles. Y no, no creo que exista un jugador ideal... según la estructura de cada equipo se necesitará un jugador u otro. Yo sugeriría que se (e) _____ equipos con equilibrio: que no se rompieran fácilmente, que supieran a qué jugar, es decir, que tuvieran una identidad propia. En definitiva, creo que lo fundamental es (f) _____ un equilibrio entre defensa y ataque y, desde luego, (g) _____ como un colectivo.

Nota: *si necesitas saber más sobre estas oraciones consulta las unidades 5 y 6 del Nivel 2.*

9

Necesito que me prestes el coche. / ¿Es necesario que rellene este cupón? / No era necesario que me acompañaras. / Necesitaría que me diera el día libre.

(Oraciones sustantivas con subjuntivo para la expresión de la necesidad y la obligación en presente, pasado y futuro)

9.1. Necesito que me prestes el coche.

A Observa estas situaciones y completa el cuadro:

¿Cuál es el **sujeto** de *necesitar?*	¿Cuál es el sujeto del verbo que va detrás de *necesitar?*	El verbo que va detrás de *necesitar* está en
1. YO *(el chico)*	YO *(el chico)*	INFINITIVO
2.		
3.		
4.		

B Ahora piensa por qué utilizan unas veces el Infinitivo y otras el Presente de Subjuntivo, y completa la siguiente regla con las palabras diferente, Infinitivo, Subjuntivo, el mismo.

- Cuando el sujeto de las dos oraciones es _____ ponemos el verbo en _____.

- Cuando el sujeto de las dos oraciones es _____ utilizamos QUE + _____.

C A continuación tienes unos *email* para completar con el verbo en el tiempo más adecuado:

De: Juanfernan@mail.querton.es
Para: Margarita@mail.querton.es
Asunto: Viaje a Bruselas

El avión va a salir con dos horas de retraso y me he dejado en casa el guión de la conferencia. Necesito que me (a) (ENVIAR) _____ una copia cuanto antes, así podré aprovechar un poco el tiempo.

De: Margarita@mail.querton.es
Juanfernan@mail.querton.es
Asunto: Viaje a Bruselas

Siento lo del vuelo. Te envío el guión y el borrador que preparaste para la reunión de mañana. ¿Necesitas que (b) (HACER) _____ algo más por ti?

De: Juanfernan@mail.querton.es
Para: Margarita@mail.querton.es
Asunto: Viaje a Bruselas

Sí, que (c) (LLAMAR) _____ a mi mujer y le (d) (EXPLICAR) _____ lo que pasa. Y que (e) (REZAR) _____ para que llegue a tiempo a Bruselas.

Margarita@mail.querton.es
De: Juanfernan@mail.querton.es
Para: Viaje a Bruselas

Lo que tú necesitas es (f) (CONTRATAR) _____ una buena secretaria, ¿no te parece?

De: Juanfernan@mail.querton.es
Para: Margarita@mail.querton.es
Asunto: Viaje a Bruselas

Y (g) (GANAR) _____ más dinero, y (h) (TENER) _____ un avión privado. Gracias por todo, nos vemos a la vuelta.

A Lee y contesta las preguntas:

Di cuáles de las siguientes afirmaciones son correctas:

a. Utilizamos ES NECESARIO + INFINITIVO cuando la necesidad que expresamos tiene un carácter general.

b. Utilizamos ES NECESARIO + INFINITIVO cuando la necesidad que expresamos tiene un sujeto determinado.

c. Utilizamos ES NECESARIO + QUE + SUBJUNTIVO cuando la necesidad que expresamos tiene un carácter general.

d. Utilizamos ES NECESARIO + QUE + SUBJUNTIVO cuando la necesidad que expresamos tiene un sujeto determinado.

e. Utilizamos ES OBLIGATORIO + INFINITIVO cuando la obligación que expresamos tiene un carácter general.

f. Utilizamos ES OBLIGATORIO + QUE + SUBJUNTIVO cuando la obligación que expresamos tiene un sujeto determinado.

B **Ayúdanos a completar la regla:**

Expresamos la necesidad o la obligatoriedad de una acción con:
- ES NECESARIO/OBLIGATORIO + _____ si nos referimos a algo que es necesario u obligatorio para todos en general.
- ES NECESARIO/OBLIGATORIO + QUE + _____ si nos referimos a una acción que tiene un sujeto determinado.

C **Ayúdanos a completar las normas de utilización de una piscina pública. Ten en cuenta que:**

Los bañistas deben llevar traje de baño en todo el recinto, tendrán que descalzarse en la zona de baño y ducharse antes de entrar en la piscina.
Los menores de 14 años deben ir acompañados de una persona adulta.

NORMAS PARA UNA CORRECTA UTILIZACIÓN DE LAS PISCINAS MUNICIPALES

1. Es obligatorio _____ traje de baño en todo el recinto.
2. En la zona de baño, _____
3. _____
4. Está prohibido bañarse con objetos punzantes o sucios, así como realizar juegos violentos dentro del agua.
5. _____

D Los siguientes textos expresan necesidad y obligación con las formas anteriores y alguna otra nueva. Intenta completarlos con el verbo en el tiempo adecuado:

> LLEVAR • ASOCIARSE • TENER • REALIZAR • PROMOVER

La normativa vigente en España desde el año 1992 obliga a llevar el cinturón de seguridad puesto en los asientos delanteros y en los traseros, en el caso de que los haya, cuando se circula por vías urbanas e interurbanas. (Desde hace un par de años es obligatorio que todos los vehículos que se fabriquen (a) _____ cinturones homologados en los asientos traseros).

(Extracto de artículo en el periódico La Vanguardia.)

Consideramos necesario que las políticas de financiación de la investigación (b) _____ la enseñanza de calidad, pero sin dejar de apoyar la investigación que no parece productiva o la de aquellos departamentos que no están en primera línea de investigación. Pensamos que es imprescindible que la empresa y la industria (c) _____ con la enseñanza superior de forma estrecha, tanto para financiar la investigación como para explotar sus resultados.

(Extracto de texto efímero en CREA de la RAE.)

Desde el 1 de enero de este año es preciso (d) _____ unas pruebas para la obtención de la licencia de armas, que consisten en un examen teórico de conocimiento y otro práctico sobre manejo y utilización de armas.

(Extracto de artículo en el periódico El Norte de Castilla.)

En el Salón Gótico del Ayuntamiento de Viena se imparten clases de técnica vocal a cargo de una profesora especializada. El repertorio es variado, desde obras del siglo XVI hasta obras completas con acompañamiento orquestal. No es imprescindible (e) _____ conocimientos de música.

(Extracto de texto efímero en CREA de la RAE.)

9.3. No era necesario que me acompañaras. / Necesaritaría que me diera el día libre.

A Lee estos textos y responde a las preguntas:

► Cariño, **no era necesario que me acompañaras al médico**, es una revisión rutinaria.
▷ Ya, pero prefiero ir contigo, además, hoy tenía el día libre. Por cierto que **necesitaría que mi jefe me diera un par de días más para hacer la mudanza con tranquilidad**, ¿no te parece?

► Oye, ¿antes era obligatorio pedir visado **entre países de la Unión Europea**?
▷ No lo sé, supongo que dependería del país, en España, por ejemplo, con Franco **necesitabas que te concedieran un permiso** y había países a los que estaba prohibido ir, por ejemplo, la U.R.S.S.

► ¿Puede explicarme en qué consiste el "Plan Prever"?
▷ Es una idea del gobierno para modernizar el parque automovilístico. Consiste en entregar el coche viejo al comprar el nuevo y a cambio te descuentan una cantidad en el precio que se corresponde con los impuestos que tendrías que pagar por el coche.
► ¿Qué **necesitaría** para acogerme a él?
▷ **Que el coche estuviera a tu nombre y que lo tuvieras como mínimo desde hace un año.**

a Cuando expresamos una necesidad que se refiere al pasado y tenemos que utilizar el subjuntivo, el tiempo adecuado es el:

❑ 1. Presente   ❑ 2. Imperfecto   ❑ 3. Pretérito Perfecto

b Imagina que tienes que pedir a tu jefe que te dé un par de días libres y quieres hacerlo de una forma amable, ¿qué dirías?

❑ 1. Necesito que me dé un par de días.

❑ 2. Necesitaría que me diera un par de días.

❑ 3. Necesitaré que me dé un par de días.

c Utilizamos con frecuencia el condicional para:

❑ 1. Suavizar peticiones, deseos, sugerencias...

❑ 2. Hacer más enérgicas las peticiones o la expresión de la necesidad.

❑ 3. Expresar necesidades que se refieren al pasado.

d Cuando expresamos una necesidad que depende de un verbo en condicional y tenemos que utilizar el subjuntivo, el tiempo más frecuente es el:

❑ 1. Presente   ❑ 2. Imperfecto   ❑ 3. Pretérito Perfecto

B A continuación tienes unas situaciones en las que algunas personas tienen que expresar necesidad de una forma amable. Escribe tú qué es lo que dirían eligiendo uno de los siguientes verbos:

PRESTAR (2) • ECHAR UNA MANO • DAR • INSTALAR

1. *Inés y Carlos van a celebrar su ascenso en casa de Carlos, han invitado a más de cincuenta personas y necesitan ayuda, por eso han llamado a sus amigos Luis y Belén:*

2. Roberto no tiene suficiente dinero para pagar el alquiler de este mes y decide pedírselo a un amigo:

_____

3. Clara se ha quedado sin sal, las tiendas han cerrado y tiene que preparar la comida. Va a casa de su vecina:

_____

 4. Eva y Jorge van a hacer un trabajo sobre los pronombres en español. Saben que su amiga Ana tiene una gramática muy buena:

_____

C Lee la conversación entre estos dos hermanos y completa el texto teniendo en cuenta lo que hemos visto a lo largo de toda la unidad:

¡CÓMO HA CAMBIADO EL MUNDO!
¡CÓMO HA CAMBIADO EL MUNDO!

► El mundo es ahora mucho más complicado que antes, fíjate en la basura, por ejemplo, antes no nos complicábamos tanto la vida, **(a)** (NO SER NECESARIO; SEPARAR) _____-_____ el papel del plástico, el plástico de las latas, las latas de la basura orgánica... ahora es que no sé dónde tengo que echar las cosas ni a qué contenedor lo tengo que llevar.

▷ No estoy de acuerdo contigo, ahora las cosas son mucho más racionales, pues claro que **(b)** (SER NECESARIO; SEPARAR) _____ las basuras, si no no podríamos reciclarlas.

► Mira, lo que yo digo es que la vida es cada vez más difícil. El trabajo, por ejemplo, antes **(c)** (NO NECESITAR, tú; TENER) _____ una o dos carreras, más conocimientos de informática y dos idiomas para encontrar trabajo, pero ahora, te tienes que pasar media vida estudiando para conseguir algo.

▷ Pues sí, hay mucha más competencia, es normal, tienes razón en que en cierto sentido la vida es ahora más compleja, pero no es así en todo... ¿te acuerdas cuando **(d)** (NECESITAR, nosotros; DAR, papá) _____ permiso para todo? Ahora los jóvenes son mucho más libres.

► Como que lo que se necesitaría es que **(e)** (HABER) _____ un poco más de control sobre los hijos...

▷ Oye, y ¿te acuerdas cuando íbamos de vacaciones a La Coruña? **(f)** (SER IMPRESCINDIBLE; SALIR, nosotros) _____ desde Madrid con 10 u 11 horas de antelación porque las carreteras eran malísimas y papá decía que él y su seiscientos(*) **(g)** (NECESITAR; HACER) _____ _____ un descanso cada tres horas.

► Esos sí que eran buenos tiempos.

(*) Seiscientos: modelo que tenía la mayoría de los españoles que podía tener coche en los años 60. Era el modelo más pequeño de la marca Seat.

10

Perdona que llame tan tarde. / Perdona que no te lo haya dicho antes. / Perdona que no te llamara ayer.

(Oraciones sustantivas con subjuntivo para pedir disculpas en el presente y pasado)

A Observa estos dibujos y relaciónalos con las frases de abajo:

a. Perdona que te llame a estas horas, es que Clarita no ha llegado aún y estoy muy preocupada.

b. Perdona que te haya gritado, cariño, estaba muy nerviosa.

c. Perdone que le moleste, ¿podría decirme dónde está la calle Carranza?

d. Perdonad que llegue tarde, es que había un atasco tremendo en la autopista.

e. Perdona que no te llamase ayer, es que estuve muy ocupada.

B Con la información anterior, completa el siguiente cuadro y contesta a las preguntas:

Oración principal	Oración subordinada	La oración subordinada se refiere al	El verbo de la oración subordinada está en
a. Perdona	que llame a estas horas	presente	Presente de Subjuntivo
b.			
c.			
d.			
e.			

a Las frases anteriores expresan:

❑ 1. Una amenaza ❑ 2. Un deseo ❑ 3. Una disculpa

b La oración "Perdona que te llame a estas horas" se puede decir también:

❑ 1. Siento que te llame a estas horas.

❑ 2. Siento llamarte a estas horas.

❑ 3. Lo siento que te llame a estas horas.

c La oración "Perdona que te haya gritado" se puede decir también:

❑ 1. Siento haberte gritado.

❑ 2. Siento que te haya gritado.

❑ 3. Lo siento que te haya gritado.

C Completa la regla:

Para pedir disculpas explicando por qué razón lo hacemos, podemos utilizar la expresión PERDONA QUE + _____.
Si nos disculpamos por algo que ha ocurrido en un pasado cercano utilizamos el _____, si nos disculpamos por algo que está ocurriendo utilizamos el _____ . Si nos disculpamos por algo que ocurrió en un pasado que pertenece a una unidad de tiempo ya terminada, utilizamos el _____.

D Completa los siguientes textos con el verbo en el tiempo adecuado:

Entró muy agitada en el cuarto de Isabel y cerró la puerta detrás de sí. La habitación estaba a oscuras, pero enseguida se dio cuenta de que no está ocupada sólo la cama de ella sino que también había alguien durmiendo en el sofá.

▶ Señorita, perdone que (a) (ENTRAR) _____ así, tan de repente, pero es que está ahí la policía.

(Extracto de *Fragmentos de Interior* de Carmen Martín Gaite.)

▶ Hola, buenas noches, Zaragoza.
▷ Buenas noches
▶ Sí, díganos.
▷ Doctor Beltrán, perdone que le (b) (VOLVER) _____ a molestar porque es que llamé ayer al programa de los doctores de ginecología. Y resulta que pensando que lo iban a contestar ustedes por la radio pues...

(Extracto de programa de *Radio Madrid.*)

▶ La droga es muy importante, ¿no? Porque, ¿qué es una droga?
▷ Bueno, podemos considerar una droga como algo que perjudica a la salud, que la altera...
▶ Y perdone que le (c)(INTERRUMPIR) _____ .
▷ Sí.
▶ Porque hay quien piensa bien que la televisión, por ejemplo, puede ser una droga.

(Extracto del programa "Ahí te quiero ver" de TVE1.)

▶ Oye, Rosa, perdona que no te (d) (FELICITAR) _____ el día de tu cumpleaños, es que estuve fuera de Madrid todo el fin de semana y, la verdad, se me olvidó por completo.
▷ No importa, a mí también se me olvidan siempre esas cosas.

E Aquí tienes varias situaciones en las que debes pedir disculpas y dar una explicación. Hazlo según la estructura que estamos viendo:

1. Te encuentras por casualidad a una compañera que te dejó unos libros la semana pasada y todavía no se los has devuelto porque no has podido ir a clase.

2. Acabas de enfadarte mucho y sin razón con una de tus mejores amigas. Te das cuenta de que lo has hecho porque has tenido un problema en el trabajo y estás nervioso.

3. Ayer te marchaste de la clase media hora antes de que terminara porque tenías una cita con el médico. Hoy quieres disculparte con el profesor.

4. Esta mañana no has podido ir a tu cita con el oculista porque te habías confundido y creías que era mañana.

1. Perdona que no te haya devuelto los libros, es que no he podido ir a clase en toda la semana.

2. _____

3. _____

4. _____

11 Dice que vayas. / Dijo que lo terminaras.

(Reproducir las propias palabras o las de otros en subjuntivo)

11.1. Dice que vayas.

Cuando mi marido probó el gel Sanex Dermo-aceite me dijo que lo probase, que me duchara con él. Me prometió que sentiría mi piel tan suave como la de nuestra hija. Y es verdad, je,je... pruébalo.

GEL SANEX DERMO-ACEITE.
PIEL SUAVE COMO NUNCA. PIEL SANA.

A   Lee el anuncio publicitario. ¿Quién es la persona que habla?

(MUJER / MARIDO): *"Oye, cielo, prueba este gel... Anda, dúchate con él... Sentirás tu piel tan suave como la de nuestra hija... te lo prometo."*

¿Recuerdas las diferencias entre estilo directo e indirecto? Si tienes alguna duda, consulta *El estilo indirecto*, de Óscar Cerrolaza, en esta misma colección.

B   Observa las notas que ha dejado Raquel antes de ir a trabajar, relaciónalas con las oraciones en estilo indirecto que hay después y selecciona la opción adecuada entre 1 y 2:

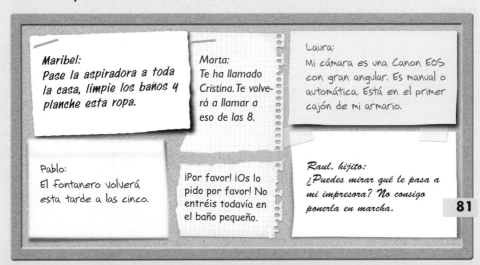

Maribel:
Pase la aspiradora a toda la casa, limpie los baños y planche esta ropa.

Marta:
Te ha llamado Cristina. Te volverá a llamar a eso de las 8.

Laura:
Mi cámara es una Canon EOS con gran angular. Es manual o automática. Está en el primer cajón de mi armario.

Pablo:
El fontanero volverá esta tarde a las cinco.

¡Por favor! ¡Os lo pido por favor! No entréis todavía en el baño pequeño.

Raul, hijito:
¿Puedes mirar qué le pasa a mi impresora? No consigo ponerla en marcha.

a A Maribel, la asistenta, le dice que pase la aspiradora, que limpie los baños y que planche la ropa que le ha dejado preparada.

❏ 1. Raquel pide a su asistenta que haga algo.   ❏ 2. Raquel le cuenta algo.

b A Laura, una amiga que está pasando unos días en su casa, le dice cómo es su cámara fotográfica y dónde está.

❏ 1. Raquel pide a Laura que haga algo.   ❏ 2. Raquel le cuenta algo.

c A Pablo, su marido, le dice que el fontanero volverá esa tarde.

❏ 1. Raquel pide a su marido que haga algo.   ❏ 2. Raquel le cuenta algo.

d A Raúl, su hijo, le dice que mire si su impresora está estropeada.

❏ 1. Raquel pide a su hijo que haga algo.   ❏ 2. Raquel le cuenta algo.

e A Marta, su hija, le dice que la ha llamado una amiga y cuándo la volverá a llamar.

❏ 1. Raquel pide a su hija que haga algo.   ❏ 2. Raquel le cuenta algo.

f A todos, les dice que no entren en el cuarto de baño pequeño.

❏ 1. Raquel les pide que no hagan algo.   ❏ 2. Raquel les describe algo.

C Observa en las oraciones anteriores en estilo indirecto, si el verbo que está después de "decir" está en Subjuntivo o en Indicativo. ¿Tiene esto alguna relación con que Raquel esté pidiendo, describiendo o contando algo?

D Completa el siguiente cuadro seleccionando en los paréntesis la opción correcta:

Cuando decimos lo que ha dicho otro, si entendemos que ha contado o descrito algo, el verbo de la oración subordinada está en (Indicativo / Subjuntivo). Si entendemos que ha querido influir en otra persona, el verbo de la oración subordinada suele estar en (Indicativo / Subjuntivo). El nexo que usamos para unir ambas oraciones es (Que / Si).

E Completa las oraciones:

11.2. Dijo que lo terminaras.

A Piensa a qué momento se refieren los verbos que están en azul y contesta luego Verdadero o Falso:

> **Pepe:** Has sacado buenas notas, y este año no me has pedido nada.
> **Antoñito:** La verdad es que no necesito nada.
> **Pepe:** No digas eso. A tu edad siempre se está pidiendo.
> **Antoñito:** Te lo agradezco, pero de verdad que no necesito nada.
> **Pepe:** ¡Ya sé! Te regalaré unas botas de fútbol.

● ● ●

Antoñito: Ya no juego al fútbol, papá.

Pepe: ¿Y unos patines?, de pequeño te gustaba mucho patinar.

Antoñito: Eso era de pequeño, papá.

Pepe: Tienes razón. A los padres nos cuesta siempre reconocer que sus niños ya son hombres, nos parece que se nos van a escapar. En fin, ya que tienes la edad podríamos hacer un esfuerzo y regalarte una moto.

Antoñito: **Ya te he dicho que no te preocupes,** papá. Y si quieres que te diga la verdad, no sabría qué hacer con una moto.

(Rafael Mendizábal: extracto de *De cómo Antoñito López, natural de Játiva, subió a los cielos.*)

Estimado Pedro:

Yo no soy adivina para saber si su mujer le ha sido infiel. ¿Y usted cómo está tan seguro? Al principio de su carta, sin embargo, sólo dice que tiene la sospecha, y dice también que está muy confundido. En esas condiciones, **le sugiero que lo piense muy bien** para que no haga algo que luego le pese.

(*El Nuevo Harald*: extracto de "Cartas a María Regina".)

El ministro de Finanzas británico ha propuesto que el FMI venda parte de los 40 000 millones de dólares que tiene en reservas de oro para reducir la deuda de los países más pobres, iniciativa que ha sido respaldada por las naciones en desarrollo y las de la Commonwealth.

(*El Mundo*: extracto de "El Comité Interino del FMI estudia vender su oro".)

Intentando estar unido a mis hijos, pasé el verano de 1934 con ellos en Austria, cerca del lago Klagenfurt. Me acompañaron Juan, Beatriz, Cristina y Gonzalo, el cual estudiaba Agronomía, su gran afición desde niño, en la bella ciudad de Lovaina. Allí éramos felices pero, de nuevo, la desdicha se cebó en nosotros cuando **Bea y mi hijo menor me dijeron que les dejara el automóvil para dar un paseo**.

▶ Papá, préstanos el Harch.

▷ De acuerdo –dije–, pero id con cuidado.

Fue terrible, pues un ciclista distraído, amigo mío por cierto, el Barón Von Neuman, se cruzó temerariamente y Beatriz, que conducía el auto, para no atropellarle, se desvió tan bruscamente, que el coche colisionó con un guardacantón. Gonzalo, al no apercibirse a tiempo de la maniobra, recibió un violento golpe en el estómago que, en principio, pareció no revestir ninguna gravedad. Sin embargo, por la noche se sintió mal y comenzó a sufrir grandes dolores. Tenía entonces veinte años y aquella misma madrugada murió de una devastadora hemorragia interna.

(Ramón Hernández: extracto de *El secreter del Rey.*)

	V	F
a. *preocupes* se refiere a un momento presente.	☐	☐
b. *piense* se refiere a un momento futuro.	☐	☐
c. *venda* se refiere a un momento pasado.	☐	☐
d. *dejara* se refiere a un momento pasado.	☐	☐

B ¿Te has fijado en las formas verbales que usamos para referirnos al presente, al pasado o al futuro? Completa el siguiente cuadro con Presente de Subjuntivo, Imperfecto de Subjuntivo.

En este tipo de oraciones, usamos el _____ en la oración subordinada para referirnos a un tiempo presente o futuro, y usamos el _____ para referirnos a un tiempo pasado.

C

a Lee el siguiente texto:

(Manolito no tiene colegio y acompaña a su papá a hacer un trabajo extra. El papá de Manolito es camionero y suele transportar detergente a grandes centros comerciales entre grandes ciudades. En esta ocasión, carga el camión en uno de ellos, donde le dan un paquete que Manolito supone que contiene detergente. Luego van a dormir al Chohuí, un hotel del camino donde el papá de Manolito es bien conocido. A media noche, Manolito se despierta solo en la habitación y ve por la ventana que su papá está en el jardín charlando con la propietaria del hotel y le da el paquete con el detergente. Se levanta, va con ellos y pregunta qué tiene el paquete. La mujer le dice que no sabe, que tendrá un diamante. A la mañana siguiente, el papá de Manolito ha salido a trabajar. Manolito baja al bar, desayuna y no sabe qué hacer.)

Lo único que se me ocurrió fue llamar por teléfono, así que llamé a mi madre y eché tres monedas de cien. Mi madre cogió el teléfono enseguida y me dijo que si había pasado algo de ayer a hoy. Yo le dije que nada, que me había duchado, me había dormido y que cuando me había despertado mi padre no estaba en la habitación, que me pegué un susto que casi me muero, pero que lo vi por la ventana que le estaba dando el paque-

● ● ●

te con el detergente a la mujer rubia del hostal "El Chohuí", que se estaba portando muy bien conmigo la mujer rubia y que me había hecho unas salchichas más feas que las que me hacía ella, pero mucho más ricas. Mi madre, no sé por qué, se empezó a poner nerviosa, y a preguntarme si mi padre había vuelto conmigo a la habitación y que cómo se llamaba la mujer rubia y que le dijera a mi padre que se pusiera… Yo le dije que mi padre se había ido y me había dejado con la mujer. Y mi madre se puso todavía peor, que le contara otra vez lo del paquete con el regalo a la mujer, que si yo estaba seguro de que era detergente. Yo le dije lo que ella había dicho: "Pues será un diamante". A mí toda esa conversación no me estaba gustando nada porque hay veces que mi madre se pone en plan supermujerpolicía, pero no sabes por qué delito te está interrogando, le dije que se me iba a cortar el teléfono y lo último que le entendí fue: "Dile a tu padre que me llame en cuanto llegue". Colgué el teléfono y me fui a la barra. Sabía que me la había cargado pero no sabía por qué.

(Elvira Lindo: extracto de *Manolito on the road.*)

b **Esta es la llamada telefónica del texto anterior. Escribe en estilo directo las oraciones que te damos en cursiva entre paréntesis.**

► ¿Dígame?
▷ ¡Hola, mamá, soy Manolito!
► Hola, cariñito. ¿Cómo es que me llamas? (**a**) (*Mi madre me dijo que si había pasado algo de ayer a hoy.*) _____.
▷ No, nada. (**b**) (*Yo le dije que me había duchado, me había dormido*) _____ y, cuando me he despertado, papá no estaba en la habitación. ¡Me pegué un susto que casi me muero! Pero lo vi por la ventana, le estaba dando un paquete con detergente a la mujer rubia del hostal "El Chohuí". (**c**) (*Yo le dije que se estaba portando muy bien conmigo la mujer rubia*) _____, me ha hecho unas salchichas más feas que las que me haces tú, pero mucho más ricas.
► Bueno, bueno, Manolito. Dime, ¿tu padre volvió contigo a la habitación? ¿Y cómo se llama esa mujer rubia? (**d**) (*Me dijo que le dijera a mi padre que se pusiera.*) _____.
▷ (*Yo le dije que mi padre se había ido y me había dejado con la mujer.*) (**e**) _____
► (**f**) (*Mi madre me dijo que le contara otra vez lo del paquete con el regalo a la mujer*) _____ ¿Tú estás seguro de que lo que había dentro del paquete era detergente?
▷ (**g**) (*Le dije que se me iba a cortar el teléfono.*) _____.
► Dile a tu padre que me llame en cuanto llegue.

Nota: *si necesitas saber más sobre estas oraciones consulta la unidad 9 del Nivel 2.*

12

Yo creo que no está mal. / Comprendo que abran una maleta. / Es inaceptable que no hayan dado explicaciones. / Es inexplicable que lo destrozaran todo. / No sería bueno que se volviera a repetir.

(Indicativo y subjuntivo en oraciones sustantivas que presentan información o valoran informaciones, en presente, pasado y futuro)

12.1. Yo creo que no está mal.

A   Fíjate lo que dicen en el dibujo y en el texto resaltado del artículo de *El País*.

10/OPINIÓN   EL PAÍS

LA ENTREVISTA DEL VERANO / MANUEL TOHARIA
Director del Museo de las Ciencias Príncipe Felipe

Manuel Toharia es uno de los principales divulgadores científicos españoles, convencido de que difundir la ciencia, "incluso en revistas femeninas", debería de ser un mérito añadido para cualquier experto en la materia.
Pregunta: ¿Se puede ser científico y creer en Dios?
M. Toharia: Yo he visto casos en los que ha ocurrido eso, pero a mí me asombra.
(...)

"Me asombra que algunos científicos crean en Dios"

Manuel Toharia, en el Museo de las Ciencias Príncipe Felipe.

"PROHÍBEN UN VIDEOJUEGO POR INCITAR A LOS JUGADORES A LA VIOLENCIA".

¡INCREÍBLE!

¿EL QUÉ: QUE HAYA UN VIDEOJUEGO ASÍ O QUE LO PROHÍBAN?

Contesta Verdadero o Falso:

	V	F
1. En el dibujo, no se entiende lo que es "increíble" y hay que preguntarlo.	☐	☐
2. En la entrevista, Manuel Toharia no dice las mismas palabras que están escritas en el titular.	☐	☐
3. Hay que explicar lo que es "increíble" o "asombroso" si esto no se entiende al decir sólo "es increíble" o "me asombra".	☐	☐
4. Lo que es increíble o asombroso está en una oración subordinada con un verbo conjugado.	☐	☐

B **Lee estos diálogos y las situaciones en las que ocurren. Fíjate en las oraciones destacadas y piensa cuáles presentan información y cuáles la valoran.**

> (Carlos es el hermano mayor de Luis y éste le pregunta todas sus dudas.)
> ► Oye, Carlos… la calle del Codo está por el barrio de Salamanca, ¿no?
> ▷ No… Me parece que está al lado del Ayuntamiento, **(a)** aunque no estoy seguro. Míralo en el plano, es mejor.

> (Un grupo de amigos va a celebrar el fin de curso en un restaurante. Laura se responsabiliza de encargar mesa y comida en él.)
> ► Laura, al encargar la comida en el restaurante, ten en cuenta que Carmen y Miguel son vegetarianos, **(b)** ¿vale?
> ▷ ¡Ah, sí! Es verdad… No me acordaba.

> (Juanma vive en un piso de estudiantes con otros compañeros. Comparten las tareas de la casa, pero Juanma siempre se olvida de hacer las suyas.)
> ► ¡Juanma!, ¿has visto que no hay ningún plato limpio?… **(c)** Pues te recuerdo que esta semana te toca a ti fregarlos…**(d)**.
> ▷ ¡Ay, sí! ¡Me olvidé!
> ► Mira, ¿qué quieres que te diga?… Pues que no es normal… ¡No es normal que siempre te olvides de hacer tus cosas **(e)** y, al final, tengamos que hacerlo nosotros!… Me parece que deberías ser un poco más responsable, ¿no?… Porque lo que es evidente es que a nadie le gusta fregar platos **(f)**.

> (Alicia es muy puntual y todos sus amigos lo saben. Ha quedado con un par de ellos hace ya cuarenta minutos y no ha llegado todavía.)
> ► Es raro que no esté aquí ya Alicia, **(g)** ¿no?… Porque ella es tan puntual…
> ▷ La verdad… Mira, voy a llamarla al móvil porque me parece extrañísimo que no haya llegado todavía **(h)**.

C Escribe en la columna A las oraciones subordinadas de las oraciones que presentan información y en la B las de las que valoran información:

A
• **está al lado del Ayuntamiento**
•
•
•
•
•

B
• **siempre te olvides de hacer tus cosas.**
•
•
•
•
•

D Contesta las preguntas:

1. Las oraciones de la columna A., ¿tienen sentido sin la oración principal? _____

2. Las oraciones de la columna B., ¿necesitan la oración principal para tener sentido? _____

3. Los verbos de las oraciones de la columna A., ¿están en Indicativo o en Subjuntivo? _____

4. Los verbos de las oraciones de la columna B., ¿están en Indicativo o en Subjuntivo? _____

5. ¿Tiene esto alguna relación con que unas oraciones presentan información y otras la valoran? _____

E Selecciona en el paréntesis la opción correcta:

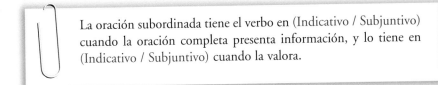

La oración subordinada tiene el verbo en (Indicativo / Subjuntivo) cuando la oración completa presenta información, y lo tiene en (Indicativo / Subjuntivo) cuando la valora.

F Vas a leer unos textos de revistas y periódicos, y después un comentario de alguien que los acaba de leer. En el comentario, selecciona la opción correcta.

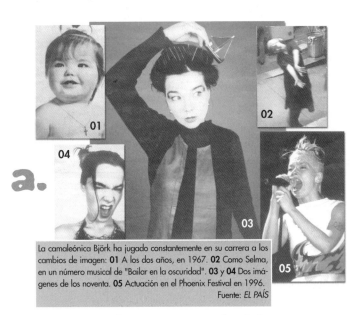

a.

La camaleónica Björk ha jugado constantemente en su carrera a los cambios de imagen: **01** A los dos años, en 1967. **02** Como Selma, en un número musical de "Bailar en la oscuridad". **03** y **04** Dos imágenes de los noventa. **05** Actuación en el Phoenix Festival en 1996.
Fuente: *EL PAÍS*

Parece increíble que esta mujer (puede/pueda) cambiar tanto de imagen, ¿verdad?

c.

Profesión: oledor de sobacos

Los especialistas de un centro de investigación de desodorantes en Cincinnati (Ohio, EEUU), tienen como labor principal la de oler las axilas de los grupos de control.
Fuente: *MUY INTERESANTE*

Es evidente que estos especialistas (tienen/tengan) un olfato muy fino.

b.

Denuncia por mordedura de rotwailer

Una joven de 21 años presentó ayer denuncia ante la Guardia Civil por la mordedura de un perro rotwailer el domingo en casa de unos amigos en Lora del Río (Sevilla). La joven fue atacada en el porche por el perro.
Fuente: *EL PAÍS*

No es normal que un perro (muerde/muerda) a un amigo de su dueño.

d.

EL PURO MÁS LARGO DEL MUNDO

Los puros cubanos son apreciados en el mundo entero. José Castelar Cairo se dedica en La Habana al noble arte de liarlos. Lo hace tan bien que ha entrado en el libro Guinness de los récords por haber liado uno que mide 11,4 metros de largo.
Fuente: *EL PAÍS*

Creo que ese puro (quedará/quede) ahí colgado hasta que cambien la decoración del local.

REBELIÓN EN LA PLAYA

Un atasco por seis trajes de baño

Seis chicas provocaron el sábado pasado un atasco en la carretera de una playa de Alejandría, Egipto. ¿Circulaban muy lento? ¿Protagonizaron una sentada en la calzada? En absoluto. Lo único que hicieron fue pasearse en traje de baño, según informa el diario opositor *AL-Wafd*, que no precisa si se trataba de bañadores de una pieza o biquinis. La policía tuvo que intervenir para poner fin al jaleo: acompañó a las jóvenes a una tienda de ropa cercana y les pidió que se vistieran de manera más decente. Tras la drástica medida, el tráfico recuperó la normalidad en menos de una hora. Los trajes de baño estilo occidental no están prohibidos en Egipto, pero no se ven mucho en las playas públicas del país, donde la mayoría de las mujeres se bañan con vestidos largos.

Fuente: *EL PAÍS*

30 000 PERSONAS EN "LA TOMATINA" DE BUÑOL

Las calles de Buñol (Valencia) se tiñieron ayer de rojo con los 120 000 kilos de tomate que, desde 1944, sirven de proyectiles a las personas que acuden a la popular *Tomatina*. Cerca de 30 000 personas de países tan dispares como Nueva Zelanda, Japón, Estados Unidos, Argentina, Alemania, Italia... se dieron cita en esta localidad. Desde el mediodía seis camiones, en intervalos de 10 minutos, repartieron la carga en los poco más de 700 metros de las estrechas calles buñolenses. Una hora después los participantes se quitaban el tomate en 50 duchas habilitadas por el Ayuntamiento y en el río Buñol, que atraviesa la localidad. La *Tomatina* cuenta con un presupuesto de 14 400 euros. Este año se han acreditado 40 medios de información de todo el mundo.

Fuente: *EL PAÍS*

Hoy en día, nos resulta curioso que (pueden/puedan) pasar cosas así.

Lo que parece claro es que esta gente se (ha divertido/haya divertido), pero creo que no me (gustaría/guste) intervenir en una fiesta así.

G **Fíjate en los datos de esta encuesta y completa las oraciones del diálogo con habéis visto, parece normal, parece, me parece extrañísimo, lo natural es, tened en cuenta.**

Mujeres parlamentarias

Representación parlamentaria en el mundo

Mujeres 4 785 (13,1%)

Hombres 31 876

Total de parlamentarios: 41 256

Porcentaje de mujeres parlamentarias por regiones

Región	
Países nórdicos	38,9
Europa (*) incluidos los p.nórdicos	14,5
Asia	14,6
América	14,7
Europa (*) excluidos los p.nórdicos	12,5
Pacífico	14,1
África subsahariana	11,2
Estados árabes	3,4

*Miembros de la OSCE

Fuente: Unión interparlamentaria (UIP)

Parlamentarias por países

Suecia	42,7
Dinamarca	37,4
Finlandia	37,0
Holanda	36,0
Alemania	30,9
Austria	28,8
España	**21,6**
Luxemburgo	16,7
Suiza	22,5
Bélgica	23,3
Reino Unido	18,4
Portugal	18,7
Irlanda	12,0
Italia	11,1
Francia	10,9
Grecia	6,3
Japón	4,6
Canadá	20,6
EE UU	13,3
Noruega	36,4
Islandia	34,9

(A la hora del almuerzo, tres compañeros de trabajo comentan esta encuesta.)

▶ ¿Habéis visto la encuesta de las mujeres parlamentarias que ha salido hoy en *El País*?

▷ Sí. Y no me **(a)** _____ que haya tan pocas. Tienen la misma formación que los hombres…

▶ **(b)** _____ que es una encuesta a nivel mundial y que en algunas zonas del mundo el porcentaje es muy bajo. A mí me **(c)** _____ que un 13% general no está tan mal.

▷ Si pensamos que hace cien años no había mujeres en los parlamentos, no está mal, pero esa cifra tendría que continuar aumentando.

▶ ¡Hombre! ¡**(d)** _____ que aumente! Mira todo lo que ha crecido en los últimos tiempos…

▶ Oye, ¿**(e)** _____ que el número de parlamentarias es muy bajo en EE UU?… ¡Si hay menos que en el resto de América!… ¡Poco más de la mitad que en España!… Pues **(f)** _____ que haya tan pocas…

12.2. Comprendo que abran una maleta. / Es inaceptable que no hayan dado explicaciones. / Es inexplicable que lo destrozaran todo. / No sería bueno que se volviera a repetir.

A Piensa a qué tiempo cronológico se refieren los tiempos verbales en negrita y luego relaciónalos:

> Las tres especies de escorpiones[1] que se ven en nuestros campos tienen una picadura dolorosa cuyo tratamiento es el siguiente: desinfectar, aplicar frío y realizar un torniquete suave por encima de la herida. Si disponemos de algún analgésico, también podemos administrarlo adecuadamente. Conviene tener en cuenta que durante la noche *no es raro que los escorpiones se **metan** dentro de las botas* que dejamos en el suelo, fuera de la tienda de campaña.
>
> (Extracto de "Los secretos del cavernícola" en *Biológica* n.º 24.)

> Sobre los casos recientemente conocidos de venta de la nacionalidad hondureña a ciudadanos orientales, el funcionario Edmundo Orellana aseguró que la justicia alcanzará a todos los culpables. El funcionario manifestó que varias personas están siendo investigadas y que, dentro de poco, se celebrará un juicio en el que se determinará quiénes deben ir a la cárcel. Para Orellana el castigo no es importante, *lo importante es que la sentencia **diga** claramente* quiénes son culpables y quiénes son inocentes.
>
> (Información adaptada de un artículo de *La Tribuna*.)

> El Reino Unido debe equiparar su porcentaje de personas que cursan enseñanza superior con los porcentajes de otras naciones desarrolladas; de no hacerlo así, se debilitaría la base de competitividad nacional. Mirando el caso de Irlanda del Norte y de Escocia, que tienen un 45% de jóvenes dedicados a cursar enseñanza superior como única ocupación, *no sería raro que Inglaterra*, actualmente en el 32%, ***alcanzara** esta cifra en no mucho tiempo*. Dentro de este porcentaje, la mayor parte del incremento será a nivel de "diplomado", como el Higher National Certificate, y recomendamos al Gobierno que se plantee a largo plazo el aumento de demanda de enseñanza superior.
>
> (Extracto de texto efímero en Páginas Web, en CREA de la RAE.)

> Un tema de discusión de los próximos años será el análisis de las tendencias que permitan lograr la disminución de la fertilidad entre las mujeres, sobre todo en los países del Tercer Mundo. La capacitación de la mujer para intervenir en la vida productiva fuera del hogar trae como consecuencia el deseo de controlar el número de descendientes y mejora la calidad de vida familiar.
>
> La contracepción, la esterilización y el aborto inducido serán a corto plazo medidas obligadas en el proceso de planificación familiar. *No es raro que, recientemente, el Banco Mundial para el Desarrollo se **haya pronunciado** por una legislación* que garantice el derecho al aborto en los países del Tercer Mundo.
>
> (Extracto adaptado de A. M. Vásquez Torre: *Ecología y formación ambiental*.)

---

[1] Escorpión: animal con cuatro pares de patas cortas y el cuerpo dividido en dos partes; una de ellas es la cola, que está dividida en partes y termina en una pinza donde tiene un poderoso veneno.

Mercurio, Venus, Júpiter y Saturno fueron vistos por el hombre primitivo cada vez que miró el cielo; no ha quedado registro de quién fue el primero que los vio, como no ha quedado registro del primero que vio el Sol o la Luna. Sin embargo, la historia de Urano es diferente. El 13 de marzo de 1781 el músico inglés aficionado a la astronomía William Herschel descubrió en la constelación de Géminis una estrella rara a la que consideró un cometa, pero al calculársele posteriormente su órbita se determinó que se trataba de un nuevo planeta. El brillo aparente de Urano es como el de las estrellas más débiles visibles a simple vista y se necesita un cielo muy oscuro y gran agudeza visual para poder distinguirlo entre miles de estrellas con el mismo nivel de brillo. Por ello, *no es raro que su descubrimiento* **tuviese** *que esperar la llegada de un potente telescopio.*

(Extracto adaptado de José Maza: *Astronomía contemporánea.*)

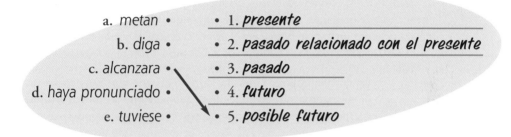

a. metan •
b. diga •
c. alcanzara •
d. haya pronunciado •
e. tuviese •

• 1. *presente*
• 2. *pasado relacionado con el presente*
• 3. *pasado*
• 4. *futuro*
• 5. *posible futuro*

B **Escribe el nombre del tiempo verbal de estas formas:**

✔ *metan* _____
✔ *diga* _____
✔ *alcanzara* _____
✔ *haya pronunciado* _____
✔ *tuviese* _____

C **Marca en los paréntesis la forma verbal correcta:**

a. LA DAMA DE LAS CAMELIAS llevó a Greta Garbo a optar por el oscar a la mejor actriz, premio que finalmente fue para Luise Rainer por LA BUENA TIERRA. No obstante, la actriz sueca obtuvo el reconocimiento de los Críticos Cinematográficos de Nueva York, quienes le entregaron el premio a la mejor actuación femenina.

La película tiene la infrecuente cualidad, propia de las grandes obras maestras, de no envejecer ni pasar de moda, ofreciendo nuevas posibilidades de deleite en cada revisión que se hace de ella. Por esto, no resulta extraño que este film **(haya tenido /tenga)** infinidad de seguidores que aún la siguen glorificando.

(Extracto adaptado de Julio López Navarro: *Clásicos del cine.*)

b. Si los seres humanos comiéramos menos, podríamos vivir hasta los 140 años. Esta es la atrevida hipótesis que acaba de lanzar un equipo de científicos británicos y estadounidenses, tras comprobar en sus laboratorios que las ratas pueden vivir mucho más tiempo si se les impone un estricto régimen de comida.

Las investigaciones de estos científicos han demostrado que, si el número de calorías que generalmente ingiere una rata se reduce en un 70%, este animal puede vivir hasta los cinco años, mientras que lo normal es que **(muriera / muera)** cuando sólo tiene tres.

(Extracto de "Científicos británicos comprueban que
la reducción de calorías alarga la vida", en *El Mundo.*)

c. En una época como la que estamos estudiando[2], donde las solteras estaban en mayoría estadística respecto a los solteros, era lógico que **(hubiera / haya)** gran cantidad de muchachos arrogantes acostumbrados a la conquista fácil, cuyo único problema a la hora de elegir una novia formal era el de ver cuál sería la mejor entre las posibles.

(Extracto adaptado de Carmen Martín Gaite: *Usos amorosos de la posguerra española.*)

d. En la Alhambra de Granada, no sólo el agua murmura en las fuentes de sus jardines. La civilización musulmana que la construyó cubrió su cuerpo de literatura, contando sus cuentos y cantando sus poemas desde sus paredes escritas. No es de extrañar que un poema del escritor mexicano Francisco de Icaza **(haya entrado / entre)** en el mundo de los proverbios que describen esta ciudad: No hay pena más grande que ser ciego en Granada.

(Extracto adaptado de Carlos Fuentes: *El espejo enterrado.*)

D Cuatro personas reaccionan ante una misma noticia. Explica en las oraciones de abajo lo que han dicho:

> **Carlos ha tenido un accidente con el coche**

Yo ya lo sabía

Es increíble

Es normal

Lo he oído en la radio

a. Yo ya sabía _____. Me lo ha dicho su madre.

b. Es increíble _____. Conduce muy bien.

c. Es normal _____. Conduce muy rápido.

d. He oído en la radio _____.

---

2 Posguerra española: años 40.

E **Convierte las oraciones que están entre paréntesis en una sola. Ten en cuenta que tendrás que usar Indicativo o Subjuntivo en distintos tiempos verbales:**

(El marido de la Dra. Hernández de Fonseca recibe este mensaje de correo electrónico el día siguiente a la partida de su mujer para Toronto, donde va a asistir a un congreso.)

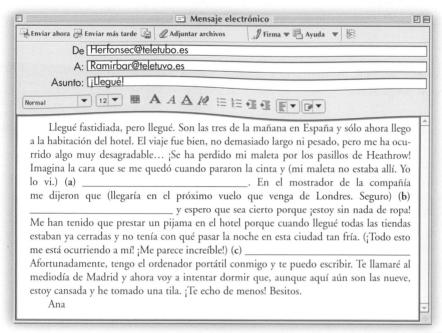

Mensaje electrónico

De Herfonsec@teletubo.es
A: Ramirbar@teletuvo.es
Asunto: ¡Llegué!

Llegué fastidiada, pero llegué. Son las tres de la mañana en España y sólo ahora llego a la habitación del hotel. El viaje fue bien, no demasiado largo ni pesado, pero me ha ocurrido algo muy desagradable… ¡Se ha perdido mi maleta por los pasillos de Heathrow! Imagina la cara que se me quedó cuando pararon la cinta y (mi maleta no estaba allí. Yo lo vi.) **(a)** _____. En el mostrador de la compañía me dijeron que (llegaría en el próximo vuelo que venga de Londres. Seguro) **(b)** _____ y espero que sea cierto porque ¡estoy sin nada de ropa! Me han tenido que prestar un pijama en el hotel porque cuando llegué todas las tiendas estaban ya cerradas y no tenía con qué pasar la noche en esta ciudad tan fría. (¡Todo esto me está ocurriendo a mí! ¡Me parece increíble!) **(c)** _____ Afortunadamente, tengo el ordenador portátil conmigo y te puedo escribir. Te llamaré al mediodía de Madrid y ahora voy a intentar dormir que, aunque aquí aún son las nueve, estoy cansada y he tomado una tila. ¡Te echo de menos! Besitos.
    Ana

El marido de la Dra. Hernández de Fonseca contesta enseguida a su mujer.

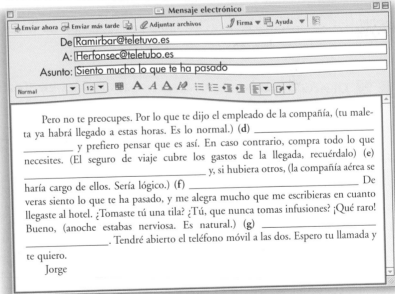

Mensaje electrónico

De Ramirbar@teletuvo.es
A: Herfonsec@teletubo.es
Asunto: Siento mucho lo que te ha pasado

Pero no te preocupes. Por lo que te dijo el empleado de la compañía, (tu maleta ya habrá llegado a estas horas. Es lo normal.) **(d)** _____ y prefiero pensar que es así. En caso contrario, compra todo lo que necesites. (El seguro de viaje cubre los gastos de la llegada, recuérdalo) **(e)** _____ y, si hubiera otros, (la compañía aérea se haría cargo de ellos. Sería lógico.) **(f)** _____ De veras siento lo que te ha pasado, y me alegra mucho que me escribieras en cuanto llegaste al hotel. ¿Tomaste tú una tila? ¿Tú, que nunca tomas infusiones? ¡Qué raro! Bueno, (anoche estabas nerviosa. Es natural.) **(g)** _____. Tendré abierto el teléfono móvil a las dos. Espero tu llamada y te quiero.
    Jorge

Nota: *si necesitas saber más sobre estas oraciones, consulta la unidad 13 de este volumen y la unidad 7 del Nivel 2.*

13 No está claro que sea así. / No creo que haya ido. / Es mentira que hubiera bichos.

(Oraciones sustantivas que presentan información que se niega o se presenta como algo probablemente falso, en presente, futuro y pasado)

A **Lee este anuncio publicitario y contesta las preguntas:**

a. Para la gente en general, ¿es verdad que hay atascos en las ciudades, que a veces llueve o nieva, o que se presentan inesperados imprevistos en las carreteras? _____

b. Para los trabajadores de Guipuzcoana, ¿es verdad que hay atascos en las ciudades, que a veces llueve o nieva, o que se presentan inesperados imprevistos en las carreteras? _____

c. ¿Conocen los trabajadores de Guipuzcoana la opinión general de la gente? _____

d. Para decir lo que piensan, ¿usan los trabajadores de Guipuzcoana unas oraciones compuestas que presentan en las oraciones principales su propia opinión de lo que dicen en las oraciones subordinadas? _____

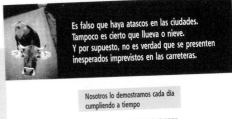

Es falso que haya atascos en las ciudades. Tampoco es cierto que llueva o nieve. Y por supuesto, no es verdad que se presenten inesperados imprevistos en las carreteras.

Nosotros lo demostramos cada día cumpliendo a tiempo

¡QUIÉN DICE QUE HAY MUCHOS ATASCOS EN LAS CIUDADES, UNA CLIMATOLOGÍA DEMASIADO CAPRICHOSA O INESPERADOS IMPREVISTOS EN LAS CARRETERAS! NOSOTROS NO. POR ESO, CADA AÑO 75 MIL EMPRESAS NOS CONFÍAN MÁS DE 20 MILLONES DE PAQUETES. PORQUE SABEN QUE LLEGARÁN A TIEMPO A SU DESTINO, SIEMPRE. Y PORQUE AL ELEGIR GUIPUZCOANA, ESTÁN ELIGIENDO A LA MAYOR Y MÁS EFICAZ ORGANIZACIÓN ESPECIALIZADA EN TRANSPORTE DE PAQUETERÍA EMPRESARIAL. ALGO QUE DEMOSTRAMOS TODOS LOS DÍAS CUMPLIENDO A TIEMPO.

GUIPUZCOANA
Transporte y Distribución de Paquetería

B **Observa las palabras subrayadas en este diálogo y escribe después las oraciones subordinadas en el lugar que les corresponde:**

LA SIESTA

► ¡Mira qué postal he recibido!

▷ ¿A ver…? ¡Imposible!… No… ¡No me lo puedo creer!…

► ¿Y qué es lo que **te parece tan increíble?**… ¿Que **haya** pueblos así en España?…

▷ Pues mira, eso mismo… Porque **no creo** que hoy en día le **quede** tiempo a la gente para dormir la siesta y, si lo tiene, **no me parece** que **pueda** dormir al sol… Pero sobre todo, y es por lo que **digo** que esto **no es** posible, es que… ¡estoy seguro de que **no hay** una sola calle en España sin coches aparcados incluso en las aceras!

► ¡Hombre!, claro, todo eso ya lo sabemos… ¿Quién tiene tiempo para dormir la siesta…? ¿Y quién puede aguantar el sol de las tres de la tarde en un pueblo del sur de España? Pues nadie, o casi nadie... Pero es un dibujo y, como dibujo, **me parece** que **no está** mal, ¿no?

▷ Simpático sí que es, sí… ¡y mucho! Pero **dudo** que el dibujante **sea** español…

► Pues no, **no parece** que lo **sea**…, no.

¿te parece increíble *que* **haya** pueblos así en España?
no creo *que*
no me parece *que*
digo *que* esto **no es** posible
estoy seguro de *que*
me parece que
dudo que
no parece que

C Escribe en la columna A las oraciones subordinadas que tienen su verbo en Indicativo y en la columna B todas las demás:

A	B
• **esto no es posible**	• **haya pueblos así en España?**
•	•
•	•
•	•

D Contesta Verdadero o Falso:

	V	F
a. Las oraciones de la columna A podrían decirse sin la oración principal.		
b. Las oraciones de la columna B se comprenden sin la oración principal.		
c. Las oraciones de la columna A presentan información que se niega.		
d. Las oraciones de la columna B contradicen las opiniones de otros.		

E **Observa las partes resaltadas en este diálogo y contesta Verdadero o Falso.**

Nerea: Dime, Cristina, ¿dónde estás? Te estamos buscando como locos.

Ana: No lo sé… pero creo que me he perdido. Entré a pasear por el bosque y ahora no sé salir… ¡Menos mal que tenía el móvil y puedo llamaros!… Mira, a mi izquierda, a lo lejos, oigo que pasan coches y me parece que el sol se está poniendo por ahí.

Nerea: ¿Qué tipo de árboles hay? ¿Eucaliptos?

Ana: No sé mucho de árboles, pero **no me parece** que sean eucaliptos. Hay mucha vegetación baja y casi no se puede andar entre ellos.

Nerea: ¿Se oye correr agua desde donde estás?

Ana: **No veo ni oigo** que haya bajadas de agua por aquí cerca… Oye, Nerea, ¿en este bosque hay víboras?

Nerea: No, mujer… **no creo** que las haya. Yo no las he visto nunca.

Ana: Pero Carlos dijo que las había…

Nerea: Que no. Que **es mentira** que haya serpientes. Mira, no te preocupes, que ya salimos a buscarte.

	V	F
a. Las partes resaltadas expresan sentimientos.		
b. Los partes resaltadas expresan que no se percibe algo por los sentidos o que se piensa que algo es falso.		
c. Las partes resaltadas están en la oración principal.		
d. Los verbos de las oraciones subordinadas de estas oraciones están en Subjuntivo.		
e. Con estas oraciones compuestas, decimos que nos parece falsa una información que nos dan, o que intuimos en otras personas.		

F **Selecciona en los paréntesis la opción correcta:**

a. Es bochornoso el espectáculo tercermundista que ofrece la ciudad de Barcelona en su céntrico paseo de Gràcia, entre la plaza Catalunya y la Gran Via, al encontrarnos cada mañana hasta tres puestos de trileros[1] que, sobre una caja de cartón rápidamente escamoteable[2], embarcan[3] a crédulos e inocentes turistas para desvalijarles el dinero con tan absurdo timo. Y es una lástima que un Ayuntamiento tan moderno como el nuestro no tome medidas drásticas para que esto no pueda continuar ocurriendo.

En otras ciudades de países subdesarrollados las gentes piden limosna por la calle o intentan limpiarte los zapatos a cambio de unas monedas, pero este lamentable y triste oficio no creo que **(podemos / podamos)** observarlo en ninguna otra ciudad de Europa.

Ildefonso Lago Pérez   (Cartas de los lectores, en *La Vanguardia.*)

---

[1] Trileros: personas que engañan por medio de un juego en el que hay que adivinar dónde se encuentran un dado que el trilero mueve rápidamente entre tres recipientes.

[2] Escamoteable: que se puede esconder fácilmente.

[3] Embarcan: aquí, engañan.

b. El doctor Humet es doctor en Medicina; fue hasta el mes de marzo director del Hospital del Mar de Barcelona. Ha dicho recientemente que si la eutanasia no está asumida por la sociedad es porque realmente se tiene miedo a la muerte, cosa que probablemente no dudamos nadie, pero en fin. Para él está claro que no (**pueden / puedan**) ser sólo los médicos quienes determinen en qué casos puede recurrirse a la eutanasia, porque no es un problema de los médicos, es un problema de la sociedad en su conjunto.

(Extracto de debate sobre la eutanasia en TVE1)

c. Si quieres explicar el universo observable, además de las ecuaciones que describen el universo microscópico, necesitas también las condiciones iniciales y, entonces, en principio, podrías describir su evolución. Pero no está claro que se (**logra / logre**) una teoría de las condiciones iniciales, y aunque fuera así, no se podría explicar todo lo que ha sucedido, porque no podemos deducir matemáticamente todo: el hecho de que la Tierra exista, de que nosotros estemos aquí sentados.

(J. Schwarz: extracto de artículo en *El País Digital*.)

d. Emilio Aragón tiene clara la clave del éxito. Es un ferviente defensor de las series familiares en las que hay que evitar cualquier imagen de sexo o violencia, ya que considera que estos contenidos únicamente sirven para excluir e incomodar a los espectadores. En un curso de verano, se preguntaba: «¿No os ha ocurrido que, cuando aparecen escenas de alto contenido sexual y violento, alguien de la familia se ha sentido nervioso, y se pone a mirar el techo o cambiar de canal? Las escenas incómodas pueden expulsar al 20 % de los espectadores. ¿Y por qué se hace? Yo creo que (**es / sea**) innecesario. Es más difícil sugerir que mostrar en televisión, y sobre todo, sugerir inteligentemente.»

(Lorenzo Díaz: extracto de *Informe sobre la televisión en España*.)

e. Algunos estudios han demostrado que en el 70% de los casos, fármacos psicoestimulantes como la Ritalina o la Dexadrina ayudan a los niños a reducir su hiperactividad y a poder concentrarse. Estas drogas les permiten fijar su atención en las tareas que deben realizar y, al mismo tiempo, disminuyen su inquietud corporal.
Muchos niños diagnosticados de este trastorno toman una dosis de Ritalina con el desayuno y otra a la hora de la comida, para poder concentrarse en el colegio.
Sin embargo, también está claro que se (**puede / pueda**) abusar de estos medicamentos, y que a veces puede resultar peor el remedio que la enfermedad. La Ritalina, por ejemplo, puede provocar efectos secundarios como la pérdida de apetito, el insomnio y la aparición de tics nerviosos.

(Extracto de artículo del Suplemento Salud de *El Mundo*.)

G

a **Relaciona estas opiniones con los textos de la actividad anterior y escribe los resultados en estos cuadros:** | 1-b | | | | |

A mí no me parece que los médicos tengan que decidir solos sobre la vida y la muerte de los demás. Más bien creo que se debería respetar la voluntad de cada persona.

Pues no creo yo que este señor se haya paseado por la calle Preciados de Madrid... Porque allí también son bastante habituales.

La verdad, no creo que las Matemáticas lleguen a explicar nunca los principios de la vida.

No creí que esos fármacos tuvieran efectos secundarios hasta que vi que mi sobrino no se podía dormir.

¿Violencia en televisión? No, gracias... Y tampoco me parece que sea necesario hablar tan mal como suelen hablar habitualmente.

b Relaciona estas formas verbales con su tiempo cronológico:

tengan •

haya paseado •

lleguen •

sea •

tuvieran •

• *Presente*

• *Pasado relacionado con el presente*

• *Pasado*

• *Futuro*

c Une con flechas las formas de estos verbos con el nombre de su tiempo verbal:

tengan •

haya paseado •

lleguen •

fuera •

tuvieran •

• *Presente de Subjuntivo*

• *Pretérito Perfecto de Subjuntivo*

• *Imperfecto de Subjuntivo*

H Completa las oraciones que faltan:

a Busca en este anuncio una oración sustantiva y contesta luego a las preguntas:

El concierto de año nuevo. Los petardos.
Un CD de villancicos. Los cuartos del reloj de la Puerta del Sol.
¿No crees que el sonido más bonito de la Navidad es la carcajada de un niño?

Sí. Esta Navidad Ericson va a hacer felices a muchos niños. Todo gracias a tí. Porque cuando adquieras un teléfono móvil de la gama Ericson, una parte del valor del mismo irá a manos de Unicef.

Y a las tuyas un obsequio conmmemorativo muy especial con el que queremos darte las gracias. La felicidad de muchos niños está en tus manos.
Esta Navidad, hazte escuchar.

Cómo y donde participar:
900 100 788

1. En esta oración, ¿se afirma algo que el hablante quiere que se acepte?

_____

2. El verbo de la oración subordinada, ¿está en Indicativo o en Subjuntivo?

_____

3. ¿Está, sin embargo, el verbo de la oración principal en forma negativa?

_____

b Lee este diálogo y responde las preguntas:

José Luis: Oye, ¿**no veis** cómo nos **mira** el bicho ese?

Alberto: ¿Cómo que nos **está** mirando? A mí no me parece que **mire** para acá. ¿**No ves** que **está** mirando para allá, hombre?

José Luis: Que no, que está mirando para acá. ¿**No ves** que **tiene** el rabo y el cuerpo un poco ladeado hacia su izquierda?

Alberto: Estás de broma, pero **no creas** que vas a hacerme decir lo que no pienso. El rabo está a su derecha, ¿es que no lo ves?

Carlos: Alberto, **no pienses** que José Luis **está** de broma. Él lo ve de una manera, tú lo ves de otra y las dos formas de verlo son posibles. Es que el diseño de este toro es bastante especial y permite las dos posibilidades. **No creas** que te **está** tomando el pelo, hombre. Y tú, Jose Luis, ¿**no ves** que también **es** posible verlo como lo ve Alberto?

Contesta Verdadero o Falso:

	V	F
1. Parte de estas oraciones son preguntas que se espera que se contesten afirmativamente.	☐	☐
2. Parte de estas oraciones son indicaciones que sirven para sacar de un error a alguien y comienzan con un imperativo negativo.	☐	☐
3. Los verbos de las oraciones subordinadas están en Subjuntivo.	☐	☐

c **Completa las oraciones con la información de los paréntesis:**

Nota: *si quieres saber más sobre estas oraciones, consulta la unidad 12 de este volumen y la 7 del Nivel 2.*

14

Quizá esté enfermo. / Tal vez le haya tocado la lotería. / Puede que fuera sola. / Seguramente están en casa.

(Expresión de la conjetura en presente, pasado y futuro)

14.1. Quizá esté enfermo. / Tal vez le haya tocado la lotería.

A

a Observa las respuestas a estas preguntas y completa el cuadro de la página siguiente.

1. Seguro que son más ruidosas

2. Quizá estén menos contaminadas

3. Tal vez no haya tantos coches

4. A lo mejor las ciudades ya no existen porque vivimos todos en el campo

¿CÓMO CREES QUE SERÁN LAS CIUDADES DEL FUTURO?

7. Quizá esté enfermo

TU HERMANO TIENE MUY MALA CARA, ¿POR QUÉ SERÁ?

5. Tal vez se acostó demasiado tarde

6. Seguro que se ha enfadado con su novia

8. Tal vez no consiguiera entradas

MARÍA NO VINO EL VIERNES PASADO AL CONCIERTO, ¿QUÉ LE PASARÍA?

9. A lo mejor no la dejaron sus padres

10. Quizá no se sintiese bien, tenía aún algo de gripe

11. Seguro que no es suyo, será de su padre

¡PERO CÓMO SE HA COMPRADO ESTEBAN ESE COCHAZO!

12. Quizá lo hayan ascendido

13. Tal vez le haya tocado la lotería

	Expresión de la conjetura	Se refiere al	Lleva el verbo en	Tiempo
Oración 1	Seguro que	futuro	Indicativo	Presente
Oración 2				
Oración 3				
Oración 4				
Oración 5	Tal vez			Pretérito
Oración 6				
Oración 7				
Oración 8				
Oración 9				
Oración 10				
Oración 11				
Oración 12				
Oración 13				

b ¿Cuál de las expresiones anteriores manifiesta mayor grado de probabilidad? _____

B Completa la regla con las palabras Subjuntivo (2), quizá, tal vez, Indicativo.

> a. Podemos expresar conjetura con expresiones como *seguro que, tal vez*, _____, *a lo mejor*, etc.
>
> b. Las oraciones que comienzan con *seguro que* y *a lo mejor* llevan el verbo en _____.
>
> c. Las oraciones que comienzan con *quizá* y _____ pueden llevar el verbo en Indicativo o _____. Si la oración se refiere al futuro suele utilizarse el _____, si se refiere al presente o pasado se pueden utilizar los dos.

C A continuación hemos seleccionado algunas frases del apartado A y queremos que las compares con las que diríamos si estuviéramos seguros. Después completa la regla:

EXPRESAMOS CONJETURA	EXPRESAMOS CERTEZA
1. Quizá estén menos contaminadas	Estarán menos contaminadas (*)
2. Quizá esté enfermo	Está enfermo
3. Tal vez no consiguiera entradas	No consiguió entradas
4. Tal vez le haya tocado la lotería	Le ha tocado la lotería

(*) El Futuro puede expresar conjetura por sí solo, sin necesidad de ninguna expresión. Por eso esta oración podría expresar igualmente conjetura o certeza, depende del contexto en el que la utilicemos. Si queremos marcar claramente la certeza podemos decir *Estoy (totalmente / absolutamente) seguro de que estarán menos contaminadas*.

Para expresar conjetura con Subjuntivo utilizamos:

- _____ si la oración se refiere al presente o futuro.
- _____ si la oración se refiere a una acción termina-da en un tiempo que consideramos no terminado.
- _____ si la oración se refiere a una acción termina-da en un tiempo también terminado.

D Reacciona frente a las siguientes situaciones utilizando *quizá* y *tal vez* con Subjuntivo:

1. Luisa siempre es muy puntual, ¿por qué llegará hoy tan tarde?
   Posibilidades: estar en un atasco / quedarse dormida / olvidársele la cita
   _____
   _____

2. Marcos no me ha llamado desde hace mucho tiempo.
   Posibilidades: estar enfadado / perder mi teléfono / marcharse de la ciudad
   _____
   _____

3. El mes pasado detuvieron a una madre que intentaba robar un banco con su hijo pequeño.
   Posibilidades: no tener dinero para comer / estar loca
   _____
   _____

4. Eres estudiante y recibes un aviso del rector de tu universidad para que vayas a verle.
   Posibilidades: quiere contratarte / te va a expulsar
   _____
   _____

5. Ayer fuimos a casa de unos amigos y no estaban.
   Posibilidades: irse al cine / estar en casa de sus hijos
   _____
   _____

14.2. Puede que fuera sola. / Seguramente están en casa.

A A continuación tienes otras palabras o expresiones que expresan conjetura, már-calas:

☐ seguramente	☐ puede que	☐ ojalá	☐ probablemente	☐ es posible que
☐ aunque	☐ con tal de que	☐ como	☐ posiblemente	☐ es probable que

a   **Lee estos textos y fíjate en las formas de expresar posibilidad o probabilidad. Recoge la información que necesitas para completar el cuadro:**

1.

► ¿Hace mucho que no ves a Ricardo?

▷ Sí, desde que se marchó del trabajo, pero mira, **seguramente le vea** el sábado, tenemos una cena de empresa y creo que le han invitado.

2.

évolve
Lloyds TSB

Puede que algún día **decida** regalar mi dinero

Pero no será al banco

6% T.A.E.*

Hasta 6000 €

www.evolvebank.com
un paso por delante

3.

... cuando te marchas piensas en que es joven, **probablemente** aún **no ha hecho (1)** la mili, tal vez ha regresado precisamente porque todavía no ha hecho la mili, a pesar de que el trabajo que allí tenía era muy bueno, aunque también **puede ser que haya regresado (2)** porque le interese la política, porque piense que para hacer algo, para ser eficaz hay que estar dentro.

(Extracto de *Luz de la memoria* de Lourdes Ortiz.)

4.

► Estoy preocupada por los chicos, he llamado ya tres veces al hotel pero aún no han llegado.

▷ Mujer, **seguramente habrá (1)** mucho tráfico hoy, es lógico que se retrasen.

► ¿Y si han tenido un accidente?

▷ Que no, no te preocupes, las noticias malas son las primeras en llegar. Venga, vamos a hacernos un café, **posiblemente** mientras tanto ellos te **llamen (2)**.

5.

Va a ser la sexta aparición del Barcelona en una Final a Cuatro desde que hace diez años se instaurase este sistema de competición, a lo cual debe añadirse la final que perdió en 1984. El técnico que dirigía por entonces a aquel Barcelona, Antoni Serra, advirtió que para ganar una final **era probable que** antes se **perdieran** al menos un par.

(Extracto del artículo "El título, siete veces perseguido, pasa por Roma" de *El País Digital*.)

6.

Reloj de Oro **BULOVA** Diamante

Es posible que más de una vez **haya querido** (1) tener un reloj de oro. **Es posible que** en más de una ocasión **haya pensado** (2) regalárselo a un ser querido. Si es así, no le dé más vueltas. Este es el momento. Una oportunidad como ésta difícilmente se le volverá a presentar.

7. Los platos precocinados y el microondas son los grandes inventos en la cocina de este siglo. **Probablemente** los *gourmets* no **estén** de acuerdo con la apreciación, pero les reto a hacer una encuesta entre mujeres.

(Extracto de artículo en el periódico *El Mundo*.)

PROMOCION OFRECIDA POR
PRIMALIA GRUPO ZEN

CON LA FINANCIACION DE
BBVA

	Expresión de la conjetura	Se refiere al	Lleva el verbo en	Tiempo
Texto 1	Seguramente	futuro	Subjuntivo	Presente
Texto 2				
Texto 3 – Oración 1 – Oración 2				
Texto 4 – Oración 1 – Oración 2				
Texto 5				
Texto 6 – Oración 1 – Oración 2				
Texto 7				

b ¿Cuál de las expresiones anteriores manifiesta mayor grado de probabilidad? _____

c Completa la regla con las palabras Subjuntivo, Indicativo, posiblemente, puede y posible.

a. Además de las expresiones que hemos visto en el apartado 1, podemos expresar conjetura con *seguramente, probablemente,* _____, *era / es probable que, era / es* _____ *que* y *puede ser que.*

b. Las oraciones que comienzan con *seguramente, posiblemente* y *probablemente* pueden llevar el verbo en _____ o Subjuntivo.

c. Las oraciones que comienzan con *era / es posible que, era / es probable que* y _____ *(ser) que* siempre llevan el verbo en _____.

D Lee este texto y selecciona el verbo que consideres adecuado (ten en cuenta que algunas veces puede haber dos posibilidades correctas):

De compras

No me gusta nada venir a este supermercado. Bueno, en realidad no me gusta nada ir de compras, siempre hay demasiada gente en todas partes. Pero aquí estoy, en la cola de la pescadería, y aún tengo tres señoras delante de mí con cara de no tener prisa. Seguro que (a) (**pierda / pierdo / perdiera**) la mañana entera. En fin, no soy el único, esto está lleno de todo tipo de personas. Hay jóvenes, niños que no sé por qué no están en el colegio, señoras aburridas de la vida, hombres solitarios... En el pasillo de los embutidos veo una pareja de novios, entre 20 y 25 años, se nota que van juntos aunque mantienen una distancia entre ellos. No se tocan, apenas hablan. Ella le mira de vez en cuando sin que él se dé cuenta. Probablemente (b)(**esté / estuviera / está**) enfadado, porque actúa como si la chica no existiera y ella, tal vez se (c)(**siente / haya sentido / sienta**) culpable, coge un salchichón, lo mira nerviosa, lo deja en el estante, coge un chorizo, luego otro y otro pero no se atreve a echar nada en el carro. Puede que (d)(**quiera / quisiese / quiere**) pedirle opinión a su novio. Sí, eso debe ser, porque ahora se acerca a él, que está mirando los quesos, y le toca suavemente en la espalda. Durante unos segundos se quedan así, sin mover un músculo, hasta que ella le abraza por detrás y apoya suavemente su cabeza entre los hombros. Quizá en este momento los dos se (e) (**hayan dado / diesen /darán**) cuenta de lo que se necesitan y puede que por esa razón u otra cualquiera el chico se (f) (**gire / gira / haya girado**) y la esté abrazando dando vueltas con tanto ímpetu que golpean el estante de los quesos y están a punto de caerse.

Una señora, que probablemente (g)(**haya visto / vea / ha visto**) todo desde el principio, se acerca a ellos con una sonrisita inocente y coge un gran queso de bola (9 euros el kg).

Y ahora que los veo marcharse tranquilamente, con el carro olvidado en el pasillo de los embutidos, me pregunto cuál sería el problema. Es posible que ella (h) (**hiciera / haga / hizo**) algo feo y él se enfadara, por eso la chica le pidió perdón con su abrazo. No, no, ahora lo veo más claro, no pedía perdón, estaba perdonando, naturalmente. Seguro que por eso él se (i) (**haya puesto/ pusiese / puso**) tan contento y la abrazó enseguida. Sí, lo más probable es que antes (j) (**estuviese / haya estado / esté**) enfadado, pero consigo mismo.

Es curioso, esta escena me ha recordado que mi mujer está muy enfadada conmigo, aunque posiblemente ya me (k) (**ha perdonado / haya perdonado / perdone**), sobre todo porque me he ofrecido a venir al supermercado a hacer la compra.

Noto que alguien me golpea suavemente la espalda. Mejor no me muevo. Seguro que (l) (**será / sea / es**) ella, ha venido a acompañarme. Ahora me coge del brazo derecho... voy a volverme...

— Oiga, ¿no ve que le toca pedir, que ya es su turno? Haga el favor, que no tenemos todo el día.

Nota: *si necesitas saber más sobre estas oraciones consulta la unidad 8 del Nivel 2.*

15

Buscamos licenciados que hablen inglés. / No hay quien te aguante. / El que no haya entendido algo que lo diga. / Llámame cuando quieras. / Buscábamos licenciados que hablaran inglés perfectamente.

(El uso del subjuntivo en las oraciones de relativo)

15.1. Buscamos licenciados que hablen inglés.

A **Lee los textos y contesta las preguntas:**

a.

• El comprador expresa el deseo de comprar "un anillo de brillantes que cueste un euro." En esa oración, el pronombre relativo "que" se refiere a:

❑ 1. un anillo de brillantes concreto que él ha visto en esa joyería.

❑ 2. un anillo que él quiere pero no sabe si existe o si lo tienen en esa joyería.

❑ 3. un anillo concreto que quiere su mujer.

• El verbo de la oración de relativo está en:

❑ 1. Subjuntivo   ❑ 2. Imperativo   ❑ 3. Indicativo

CLUB DE AMIGOS

¡Un Millón de Amigos!

¡Hola! Somos Alfredo y M.ª del Valle y tenemos 11 y 13 años. Nos gustaría cartearnos con niños y niñas que tengan estas edades y a los que les guste la tele, leer y jugar al tenis. ¡Somos muy buena gente!

**M.ª del Valle Molina Bazo
C/ Pozo Nuevo, 27 1ª, 51530 Morón de la Frontera (Sevilla)**

(Extracto de Blanco y Negro / Guay.)

b.

• Alfredo y M.ª del Valle quieren escribirse con "niños y niñas que tengan estas edades (11-13 años) y a los que les guste la tele, leer y jugar al tenis". En la oración que han escrito, los pronombres relativos "que" y "los que" se refieren a:

❑ 1. niños y niñas conocidos por ellos el verano anterior.

❑ 2. niños y niñas desconocidos a los que buscan para escribirse con ellos.

❑ 3. niños y niñas de su ciudad.

• El verbo de la oración de relativo está en:

❑ 1. Subjuntivo ❑ 2. Imperativo ❑ 3. Indicativo

C.

• El pronombre relativo "que" se refiere a:

❏ 1. algo que la señora conoce y ha utilizado otras veces.

❏ 2. algo que la señora sabe que existe aunque nunca lo ha usado.

❏ 3. algo que la señora supone que puede existir y de lo que explica unas características.

• El verbo de la oración de relativo está en:

❏ 1. Subjuntivo   ❏ 2. Imperativo   ❏ 3. Indicativo

B **Ahora vamos a imaginar la respuesta que el dependiente de la joyería le da a Vicente:**

Dependiente: *Mire, señor, aquí sólo tenemos anillos de verdad, que (1), por supuesto,* **son** *de oro o de plata y* **llevan** *brillantes auténticos. Me temo que le resultarán demasiado caros, pero mire, en la tienda de al lado venden una bisutería baratísima que (2)* **parece** *casi de verdad, seguro que es eso lo que usted busca.*

1 **El pronombre relativo 1 se refiere a:**

❏ a. unos anillos concretos: los que venden en esa tienda.

❏ b. el tipo de anillo que buscaba Vicente.

❏ c. unos anillos que no existen pero son los que le gustan a la mujer de Vicente.

2 **El pronombre relativo 2 se refiere a:**

❏ a. la bisutería que supone el dependiente que venden en la tienda de al lado.

❏ b. la bisutería que querría vender el dependiente.

❏ c. la bisutería que sabe el dependiente que venden en la tienda de al lado.

3 **El verbo de estas oraciones de relativo está en:**

❏ a. Subjuntivo   ❏ b. Imperativo   ❏ c. Indicativo

> Vicente (SABE QUE EN ESA TIENDA TIENEN ESE ANILLO / SUPONE QUE EN ESA TIENDA PUEDE COMPRAR ESE ANILLO)
>
> ....
>
> El dependiente de la joyería (SABE QUE TIENE ANILLOS DE ORO CON BRILLANTES AUTÉNTICOS / SUPONE QUE TIENE ANILLOS DE ORO CON BRILLANTES AUTÉNTICOS)

D Teniendo en cuenta lo anterior, ayúdanos a completar esta regla con las palabras Indicativo, Subjuntivo, relativo.

Las oraciones relativas sirven para expresar características de una cosa, una persona, una situación... En esas oraciones encontramos siempre un pronombre _____ que se refiere a esa cosa, persona o situación de la que hablamos. Normalmente, el relativo se expresa detrás de las cosas, personas o situaciones a las que se refiere, por eso éstas reciben el nombre de **antecedente**.

Cuando informamos de las características de algo o de alguien que hemos experimentado o conocemos (directamente o por otras personas) utilizamos una oración de relativo con el verbo en _____. Sin embargo, cuando queremos expresar las características de algo o de alguien que suponemos que existe pero no lo hemos experimentado ni lo conocemos, tenemos que utilizar una oración de relativo con el verbo en _____.

E Completa estos anuncios con el verbo adecuado en Indicativo o Subjuntivo:

> TENER (2) • SER • GUSTAR • ESTAR • HABLAR • UTILIZAR

Busco
Máquina de coser Antigua
que (a) _____ en buen estado.

IMPORTANTE EMPRESA
EDITORIAL
Selecciona
Licenciados en **Ciencias de la Información**
que (d) _____ inglés perfectamente
y (e) _____ coche propio.
Excelentes condiciones de promoción.

VENDO LIBROS DE INGLÉS
– Un diccionario que no (b) _____ más de 1 año.
– Un manual de gramática que se (c) _____ en 3.º de la Escuela Oficial de Idiomas.
Precio a convenir.

Se necesita
Señorita interna, a la que le (f) _____ los niños y que (g) _____ muy responsable.
Sueldo a convenir. Seguridad Social.

F Lee las siguientes oraciones y relaciónalas con las situaciones que tienes a la derecha:

1. Necesito un buen mecánico que me arregle el coche

2. Conozco a un mecánico que arregla bien el coche

3. Busco a alguien que habla árabe

4. Busco a alguien que hable árabe

a. Me han dicho que aquí trabaja un señor que habla árabe, aunque yo no lo conozco y tampoco sé cómo se llama.

b. Hace tiempo que llevo el coche al mismo taller y conozco a un mecánico que trabaja muy bien.

c. Tengo el coche estropeado y necesito encontrar un buen mecánico, que trabaje bien y no sea muy caro.

d. Tengo que traducir unos poemas árabes pero no conozco a nadie que sepa ese idioma, por eso estoy buscando a cualquier persona que hable árabe.

G Ahora selecciona la opción adecuada:

a. En 1 el antecedente es (DETERMINADO/INDETERMINADO), el hablante supone que existe un mecánico con esas características, por eso utiliza el subjuntivo.

- -

b. En 2 el antecedente es (DETERMINADO/INDETERMINADO), el hablante sabe que existe esa persona, la conoce, por eso utiliza el indicativo.

- -

c. En 3 el antecedente es (DETERMINADO/INDETERMINADO), el hablante sabe que existe aunque él no lo conozca, por eso utiliza el indicativo.

- -

d. En 4 el antecedente es (DETERMINADO/INDETERMINADO), el hablante supone que existe una persona con esas características, por eso utiliza el subjuntivo.

H Aquí tienes algunas respuestas de diferentes personas a la pregunta "¿Con quién quieres compartir piso?" Complétalas con el verbo en Indicativo o Subjuntivo:

a. Con alguien que (TENER) _____ hábitos más o menos como los míos, quiero decir que no (FUMAR) _____, que (LLEVAR) _____ una vida sana, pero que no le (IMPORTAR) _____ que hagamos una fiesta de vez en cuando.

b. Yo no sé... tiene que ser alguien con quien (PODER) _____ compartir mi intimidad y con quien me (SENTIR) _____ a gusto, para mí eso es suficiente.

c. A mí me da casi igual, hasta ahora nunca he tenido problemas con los que (COMPARTIR) _____ el piso conmigo, es cuestión de no meterte en la vida de los demás y no dejar que los demás se metan en la tuya.

I Lee este texto y fíjate en la utilización del Indicativo y del Subjuntivo. (Las preguntas que tienes que contestar te ayudarán a entenderlo). Se trata de explicar algunas posibilidades sobre cómo serán las casas del futuro:

Hogar, dulce hogar

a. ¿Existen hoy aparatos de televisión y vídeo para ver imágenes en tres dimensiones? _____.
¿La oración de relativo está en Subjuntivo o Indicativo? _____.

b. ¿Necesitamos actualmente gafas especiales para ver esas imágenes?
_____.
¿La oración de relativo está en Subjuntivo o Indicativo? _____.

c. Las *tabletas web* no existen todavía en su forma completa, terminada, pero ya se está trabajando en ellas. El verbo de esa oración de relativo está en _____.

d. ¿Existen frigoríficos de bajo consumo y con carcasas reciclables? _____ ¿La oración de relativo está en Indicativo o Subjuntivo? _____.

En la actualidad, el 90% de los hogares tienen televisión, lavadora y nevera, según la Asociación de Fabricantes de Material Eléctrico. Los expertos aseguran que la incorporación de las nuevas tecnologías a todo el hogar es inminente.

TELEVISIÓN + VÍDEO EN 3D
Se prevé que en el año 2010 estén listos, y en el mercado, aparatos de televisión y vídeo que PERMITAN ver imágenes en tres dimensiones (sin el uso de las gafas especiales que SON necesarias en la actualidad).

FRIGORÍFICO
En un estudio de Intel queda reflejado que para sus expertos el hogar electrónico va a ser una realidad a medio plazo. En los hogares del futuro, la comunicación, los contenidos y el comercio estarán disponibles en cualquier lugar de la casa. Actualmente se está trabajando en lo que se llama *tabletas web*, unos dispositivos planos que se PUEDAN colocar, por ejemplo, en la puerta del frigorífico para que con sólo pulsar un botón se puedan ver las noticias, conocer el tiempo, etc. Lo que ya existe son frigoríficos ecológicos que CONSUMEN menos y que TIENEN carcasas reciclables.

(Extracto de un artículo de la revista *MÍA*.)

J En el texto anterior, en lugar de haber usado Subjuntivo se podrían haber usado verbos en Futuro Imperfecto de Indicativo:

– Se prevé que en el año 2010 estén listos, y en el mercado, aparatos de televisión y vídeo que **permitirán** ver imágenes en tres dimensiones.
– Actualmente se está trabajando en lo que se llama *tabletas web*, unos dispositivos planos que se **podrán** colocar, por ejemplo, en la puerta del frigorífico.

¿Por qué crees que es posible usar Futuro?

❏ **a.** Las frases se refieren al futuro, es igual si esos objetos son determinados o no.

❏ **b.** Aunque se trata de algo que aún no existe, son objetos determinados, concretos.

❏ **c.** Se trata de objetos que aún no son reales.

K Lee estos dos textos y responde las preguntas:

Como en otras ocasiones, es para mí un motivo de satisfacción, presentar el programa MADRID VERDE que se lleva a cabo todos los años con el fin de dotar a nuestros distritos de nuevas zonas verdes que **incrementen** su patrimonio medioambiental y **permitan** que sus vecinos dispongan de nuevos lugares de disfrute y esparcimiento.

Para ello, técnicos municipales del Área de Medio Ambiente, a los que agradezco su esfuerzo y dedicación en esa labor, han elaborado un conjunto de proyectos con los que, a partir de las necesidades del distrito y atendiendo los deseos de sus vecinos se desarrollarán actuaciones de acondicionamiento y ajardinamiento de calles, plazas y zonas verdes. La introducción de técnicas modernas que **faciliten** su conservación, la construcción de zonas de juegos infantiles y la dotación del adecuado mobiliario urbano, constituyen parte importante de ellas.

Adriano García-Loygorri Ruiz, IV Teniente de Alcalde del Ayuntamiento de Madrid.
(Recogido en *Madrid Verde*.)

a.

¿Crees que podemos sustituir los verbos subrayados por futuros? _____

¿Por qué? _____
_____

b.

En la carta de la empresa de telefonía hemos marcado todas las oraciones de relativo, aunque sólo una lleva Subjuntivo, ¿cuál es?

_____ .

c.

¿Podemos sustituir ese Subjuntivo por un Futuro? _____ ¿Se trata de números concretos, determinados, conocidos por la persona que escribe la carta? _____ .

d.

Fíjate ahora en la oración anterior: "Ventajas de las que podrá disfrutar marcando el 1050" ¿Son las ventajas conocidas, concretas, aunque se refieran al futuro? _____ . Por lo tanto, ¿podemos sustituir ese Futuro por un Subjuntivo? _____ .

---

e·9 retevísíon

1050
AÚN MÁS VENTAJAS

Apreciado/a Sr./Sra.:

Es un placer para mí darle la bienvenida como nuevo cliente de Retevisión y saber que usted ya cuenta con todas las ventajas **que le ofrece el** SERVICIO 1050.

Ventajas **de las que podrá disfrutar** marcando el 1050 antes del número **al que usted desee llamar**, en todas sus llamadas metropolitanas, provinciales, interprovinciales, internacionales y de fijo a móvil.

Adjunto encontrará su contrato con los datos **que usted mismo nos facilitó**. Le ruego lo verifique y nos lo envíe firmado lo antes posible en el sobre **que le proporcionamos** (no necesita sello).

(...)

Agradeciéndole de antemano su confianza y el interés **que ha demostrado por nosotros**, quedo a su entera disposición.

Reciba un cordial saludo,

Xavier Castilo Ferrer
Director Comercial y de Servicios de Atención al Cliente

15.2. No hay quien te aguante.

A **Lee este diálogo y contesta las preguntas:**

► ¿Es que **no hay nadie en esta oficina que sepa dónde se guardan los impresos** (1)? ¿Es que tengo que buscarlo yo todo? Sois unos inútiles.

▷ ¿Sabes qué te digo?, que desde que te ascendieron te has vuelto insoportable, estás todo el día de mal humor y **no hay quien te aguante** (2).

a **En la oración 1, el antecedente del pronombre relativo *que* es:**

❏ 1. La persona que sabe donde se guardan los impresos.

❏ 2. La misma persona que habla.

❏ 3. Cualquier persona de esa oficina.

b **La persona que hace esa pregunta acusa a los demás de que:**

❏ 1. Todos saben dónde se guardan los impresos.

❏ 2. Ninguno de ellos sabe dónde se guardan los impresos.

❏ 3. Algunos saben dónde se guardan los impresos.

c En la oración 2, el antecedente del pronombre relativo *quien* es:

❑ 1. Cualquier persona de la oficina.

❑ 2. Cualquier persona en general.

❑ 3. Algunas personas de la oficina.

d La persona que dice esa oración piensa que:

❑ 1. Sólo algunas personas pueden soportar a ese señor.

❑ 2. Todo el mundo le conoce y le soporta.

❑ 3. No existe ninguna persona que soporte su mal carácter.

e Las dos oraciones señaladas llevan el verbo en:

❑ 1. Indicativo ❑ 2. Subjuntivo ❑ 3. Infinitivo

B Completa la regla:

Las oraciones de relativo que niegan la existencia del antecedente llevan el verbo en _____.

C Completa tú los siguientes dibujos teniendo en cuenta que a una de estas personas:

- No le interesa ningún libro.
- No le gusta ningún programa de televisión.
- No le sienta bien ningún vestido.
- Cree que nadie habla inglés.

NO ENCUENTRO NINGÚN LIBRO QUE ME INTERESE.

A Observa estos dibujos y contesta las preguntas:

a ¿Cuáles de las siguientes frases son falsas?

❑ 1. La profesora sabe que todos los alumnos han entendido todo lo que ella ha explicado en clase.

❑ 2. La profesora supone que puede haber alguien que tenga dudas, es decir, que no haya entendido algo de lo que ella ha explicado ese día en clase.

❑ 3. La profesora da a los alumnos la oportunidad de que le pregunten sus dudas.

❑ 4. La profesora sabe que ningún alumno ha terminado el examen.

❑ 5. La profesora piensa que quizá algún alumno ya ha terminado, y si es así, le indica que puede salir.

b Las frases de relativo que ha dicho la profesora se refieren al:

❑ 1. pasado ❑ 2. presente ❑ 3. futuro

B Lee este texto y contesta las preguntas:

QUIEN MARQUE CON LA MANO SERÁ EXPULSADO

La FIFA (*) va a modificar las reglas del fútbol en la próxima reunión del *International Board* (único organismo capacitado para cambiar dichas reglas). Propondrá que el jugador que marque intencionadamente un gol con la mano sea automáticamente expulsado por el árbitro.

(Extracto del diario *As.*)

(*) FIFA: siglas de la Federación Internacional de Fútbol Asociación.

a ¿Cuál de estas frases es falsa?

❑ 1. La FIFA prevé la posibilidad de que algún jugador marque intencionadamente un gol con la mano.

❑ 2. La FIFA sabe que los jugadores de fútbol nunca marcan con la mano.

❑ 3. El reglamento futbolístico no permite que se marquen goles con la mano.

b La oración de relativo subrayada se refiere al:

❑ 1. pasado   ❑ 2. presente   ❑ 3. futuro

C Teniendo en cuenta lo anterior, completa la regla con las palabras Subjuntivo, posibilidad, Pretérito Perfecto, Presente.

Utilizamos también las oraciones de relativo para prever la _____ de que exista alguien que cumpla una condición o tenga unas características concretas, pero esa persona o cosa puede existir o no. En este caso utilizamos el verbo de la oración de relativo en _____. Si la posibilidad se refiere al futuro o al presente utilizamos el _____ de Subjuntivo; sin embargo, si la posibilidad se refiere al pasado, tenemos que utilizar un tiempo del pasado como el _____ de Subjuntivo.

D Observa la diferencia entre estos textos y selecciona después en el cuadro las respuestas correctas:

Los alumnos que no **han entregado** los trabajos de investigación no podrán aprobar el curso.

Los que **pidieron** ayer el certificado de asistencia al curso pueden pasar por secretaría para recogerlo.

antecedente (determinado/indeterminado), (sabemos/suponemos) que existe.

Los alumnos que no **entreguen** los trabajos de investigación no podrán aprobar el curso.

Los que **necesiten** certificado de asistencia al curso, deben solicitarlo en secretaría.

antecedente (determinado/indeterminado), (sabemos/suponemos) que existe.

E Completa los textos teniendo en cuenta que tratan de:

> ✔ Ciudadanos que residen en la ciudad desde los últimos dos años.
>
> ✔ Inmigrantes que han llegado a España antes del 1 de noviembre del año pasado.
>
> ✔ Alumnos que se van a vivir a otra comunidad autónoma.
>
> ✔ Trabajadores que han prestado sus servicios durante cinco años consecutivos.

a. En las próximas elecciones municipales podrán votar **todos los ciudadanos que residan en la ciudad desde los últimos dos años**. Así lo ha comunicado el Alcalde a la prensa esta misma mañana.

b. _____ disponen de un mes de plazo para solicitar permiso de residencia, siempre que puedan demostrar razones de arraigo como, por ejemplo, tener familiares en el país.

c. El gobierno ha decidido emprender una reforma de los llamados contenidos mínimos de la Enseñanza Secundaria Obligatoria y el Bachillerato. Entre otras cosas, se pretende garantizar una formación común. _____ _____ tendrán ahora muchos menos problemas cuando traten de homologar sus estudios.

d. Según el nuevo convenio laboral, _____ _____ tendrán derecho a solicitar una excedencia anual sin sueldo. La empresa les garantiza la incorporación posterior al mismo puesto de trabajo.

A Lee esta carta y contesta las preguntas:

EN LA ORACIÓN 1

a. El lugar al que se refiere "donde" (su antecedente) es:

❑ 1. desconocido.

❑ 2. el Salón de Biblioteca Infantil.

❑ 3. la Casa de América.

EN LA ORACIÓN 2

b. El lugar al que se refiere "donde" (su antecedente) es

❑ 1. desconocido.

❑ 2. el Salón de Biblioteca Infantil.

❑ 3. el Certamen de Cómic.

CASA DE AMÉRICA

Tribuna Americana

27 de noviembre de 2007

Estimado/a amigo/a:

Del 1 al 4 de diciembre próximo se celebrará en la Casa de América una actividad muy especial: *el Primer Salón del Libro Teatral Español e Iberoamericano*. Como se informa en el folleto adjunto, se realizarán varias actividades simultáneas, como, por ejemplo, lecturas de textos teatrales, talleres de dramaturgia, concurso de escritura, animación a la lectura teatral... Contaremos también con un Salón de Biblioteca Infantil **donde los familiares podrán dejar a los/as niños/as (1)** disfrutando de los libros de teatro en muy buena compañía.

Además, a partir del 11 de diciembre, en la Galería Americana, dará comienzo la exposición *Certamen de Cómic* Injuve, **donde se expondrán los trabajos premiados en el Certamen del Cómic organizado por el Instituto de la Juventud (2)**. Tanto los estudiantes como los profesores podrán deleitarse con las historietas de comics, género al cual todos hemos estado ligados desde nuestra más temprana infancia.

Los responsables del Aula Iberoamericana piensan que estas actividades pueden ser de su interés y por eso tienen el gusto de comunicárselo y animarle a su asistencia.

Cordialmente,

Juan María Alzina de Aguilar
Director

B Ahora, observa este anuncio y contesta también a las preguntas:

Donde haga falta.

En cualquier lugar y a cualquier hora, Europ Assistance pone a su disposición todos los medios: la más completa red de asistencia, la más avanzada tecnología y el más alto nivel profesional. Para responderle en cualquier circunstancia, incluso si no es usuario. Sólo tiene que llamarnos. Nosotros llegamos donde haga falta. Disfrute de su viaje.

europ assistance

Asistencia Líder.

(90) 597 21 25

En su Banco, Agencia de Viajes o Agencie de Seguros y en Cajeros Automáticos de la red Telebanco 4B

a La compañía de seguros *Europ Assistance* dice que si usted los llama ellos irán a recogerlo:

❑ 1. a alguna ciudad donde haya una oficina de su compañía.

❑ 2. a cualquier lugar donde usted esté.

❑ 3. a la ciudad en la que se hizo el seguro.

b También dice que irán a cualquier hora, es decir:

❑ 1. cuando haga falta.

❑ 2. lo que haga falta.

❑ 3. al que haga falta.

c Si quisieran expresar la posibilidad de llegar a ese lugar en cualquier medio de transporte (avión, coche, helicóptero...) tendrían que decir:

❑ 1. cuanto haga falta.

❑ 2. de donde haga falta.

❑ 3. como haga falta.

C Ayúdanos a completar la regla con las palabras donde, Subjuntivo, lugar, Indicativo y tiempo.

Las palabras _____, *cuando* y *como* también son relativos. Sirven para referirse a un _____ (*donde*), un momento en el _____ (*cuando*) y una forma de hacer algo (*como*). Cuando se refieren a algo concreto, determinado, se utilizan con el verbo en _____; sin embargo, cuando se refieren a lugares, tiempos o formas de hacer no concretos o no determinados utilizan el verbo en _____ .

D Elige el verbo adecuado:

La ciudad a la que nos (DIRIGÍAMOS/HAYAMOS DIRIGIDO) estaba ya muy cerca, era precisamente el lugar que yo había estado evitando durante todo el viaje, donde no (QUERÍA/QUIERA) ir, bajo ninguna circunstancia, a pesar de que estaba en una de las zonas con más yacimientos arqueológicos, por eso el jefe de la expedición había decidido que teníamos que llegar en nuestra segunda semana de viaje.

Ellos no lo sabían, pero para mí era un lugar antiguo, al que hacía muchos años (HAYA JURADO / HABÍA JURADO) no volver. Todavía llevaba en la cartera la vieja foto de esas montañas, la cogí y le di la vuelta:

"No importa el lugar del mundo donde (ESTAREMOS / ESTEMOS), la ciudad en la que (VIVIMOS / VIVAMOS), la calle por la que (PASEMOS / PASAREMOS) todos los días... El lago y la montaña nos acompañarán siempre en el recuerdo".

Lo habíamos escrito apoyados sobre la pared de la antigua fábrica. Justo en ese momento comenzó el terremoto.

a. Sobre el anuncio de Kellogg´s,
- ¿El momento en el que se comen los cereales es determinado o indeterminado?

_____

b. Sobre el anuncio de Terra y Telepizza,
- ¿Es determinado lo que van a llevar de ese catálogo?, ¿y el lugar al que lo llevan?, ¿el momento en el que lo llevan?

_____

c. En los dos anuncios, ¿quién decide el momento, el lugar, lo que le van a llevar?
   ❏ 1. el cliente   ❏ 2. la empresa   ❏ 3. el mensajero

F Ayúdanos a completar la regla seleccionando la opción correcta:

> Podemos utilizar una oración de relativo para decir a otra persona que le ofrecemos la posibilidad de que ella elija una cosa, un momento en el tiempo, un lugar, una forma de hacer algo... En esos casos el verbo está en (INDICATIVO / SUBJUNTIVO).

G Sara es una persona muy indecisa, le cuesta bastante trabajo tomar decisiones. Lee el diálogo que tiene con su marido y completa los demás:

▶ ¿Qué vamos a regalarle a la niña en su cumpleaños, el ordenador o la cadena de música?

▷ No sé, lo que más te guste.

a. (con su amiga Clara)

▶ ¿Cuándo vamos a ir a ver la exposición de Picasso, el jueves o el viernes?

▷ Me da igual, (PREFERIR) _____.

b. (con sus compañeros del trabajo)

▶ ¿Cómo quedamos para la cena de Navidad?, Sara, ¿pasamos a recogerte o vas tú sola al restaurante?

▷ Pues no sé, (QUERER) _____.

c. (con su hija)

▶ Mamá, ¿qué me pongo para la fiesta, el vestido negro o los pantalones de terciopelo?

▷ No sé, cariño, (QUEDAR MEJOR) _____.

H A continuación tienes algunos eslóganes publicitarios que hemos quitado de sus anuncios originales. Relaciónalos y completa así los anuncios:

> a. Disfrute de una noche muy especial con quien más quiera.
> b. Realice sus operaciones desde donde y cuando quiera.
> c. Donde quieras, cuando quieras y como quieras. Es la mejor forma de aprender.

ExtraLínea Banesto

1. **ExtraLínea Banesto**. Un Servicio con el que podrá realizar múltiples operaciones al momento: solicitar información, consultar sus saldos y movimientos, gestionar recibos domiciliados, ordenar transferencias, operar con fondos, depósitos y planes de pensiones, realizar operaciones de bolsa, etc. Y AHORA ADEMÁS, SUS TRANSFERENCIAS SIN COMISIONES. Así de fácil. Sin papeleos ni desplazamientos.

2. Aquí hay un centro de estudios **CEAC**. Aquí tendrás las máximas garantías de aprendizaje. Llama ahora, disponemos de más de 70 cursos a distancia.

3. **Tarjetas Banesto**
Ahora, sus tarjetas de crédito le invitan a una noche de hotel GRATIS.
Porque desde el 1 de diciembre hasta el 30 de abril, si la suma de los importes que factura con su tarjeta de crédito Visa Classic o AgroBanesto supera los 2500 €, le regalamos un bono de una noche GRATIS, sin sorteo, en la prestigiosa cadena hotelera Sol Meliá.

15.5. Buscábamos licenciados que hablaran inglés perfectamente.

A Un locutor de radio entrevista a un director de recursos humanos de una gran empresa. Lee su diálogo y completa la regla que tienes a continuación con las palabras Presente e Imperfecto.

> ► ¿Qué perfil cree que es el que más se demanda actualmente entre los jóvenes licenciados?
>
> ▷ Las carreras que tienen más salida son, en general, Económicas, Empresariales y Administración de Empresas. Aunque es cierto que en los últimos años se viene detectando un aumento en la solicitud de licenciados en carreras de letras. Siempre que se trate de **personas que estén cualificadas, que sepan inglés e informática**, la garantía del rendimiento será muy alta, debido sobre todo a la agilidad mental y capacidad de adaptación a cualquier departamento que presentan estos licenciados.
>
> ► Esa es una buena noticia porque hasta ahora en esas carreras es en las que menos perspectivas de trabajo había.

▷ Sí, lo que pasa es que los tiempos han cambiado, **antes era difícil encontrar profesionales que tuvieran un buen nivel cultural, que hablaran inglés perfectamente y que, además, estuvieran dispuestos a entrar en un programa de formación sin saber con exactitud qué puesto iban a desempeñar.** La mentalidad de los jóvenes (también de los empresarios) es cada vez más abierta a realizar cualquier tipo de trabajo, siempre que sea para una empresa seria que los respete como trabajadores y les ofrezca oportunidades de ascenso profesional.

Cuando la oración de relativo se refiere al presente o al futuro y tenemos que utilizar Subjuntivo, el tiempo que utilizamos es el _____ .
Pero cuando la oración se refiere al pasado, además del Pretérito Perfecto (como has visto en el apartado 15.3), utilizamos el _____ .

B **Lee el anuncio que hemos hecho para el tablón de una escuela de idiomas y escribe tú otros buscando a personas con estas características:**

1. Ser sirio y conocer bien la literatura de su país. Lo necesitas para que te dé una información para tu trabajo del doctorado.

2. Grabó el último capítulo de la serie *Al filo de lo imposible* que se emitió el día 20 de agosto por el canal 1.

3. Haber vivido en varios países eslavos. Lo necesitas para que te ayude a elaborar una encuesta.

4. Fue testigo de un atraco que hubo el viernes pasado en el aparcamiento de la escuela y puede ayudar a identificar a un sospechoso (sabes que varias personas debieron verlo desde las ventanas).

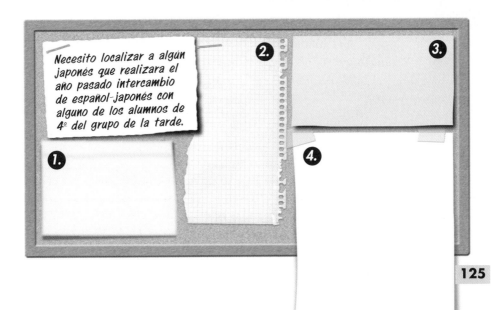

Necesito localizar a algún japonés que realizara el año pasado intercambio de español-japonés con alguno de los alumnos de 4º del grupo de la tarde.

C **Completa esta carta con los siguientes verbos:**

MERECER • TENER (2) • SER • RECIBIR • SUPERAR • PERMITIR

Agencia de Viajes El globo
Calle del Príncipe, 3

Burgos, 10 de septiembre, 2007

Estimados señores:

El motivo de esta carta es manifestarles mi indignación por el trato recibido en el viaje a Mallorca que realicé, junto con mi esposa, el pasado mes de agosto.

En primer lugar, nosotros habíamos reservado una habitación doble con baño completo que (a) _____ televisión y aire acondicionado. Pues bien, nos encontramos con un baño que no (b) _____ completo y con una habitación que no (c) _____ aire acondicionado, asunto que nos parece bastante importante en una isla que en verano (d) _____ los 35 ° de temperatura.

En segundo lugar, habíamos pagado previamente cuatro excursiones que nos (e) _____ conocer toda la isla, y sin embargo los guías nos obligaron a pagar otra vez por las mismas excursiones que, por cierto, no (f) _____ la pena porque se hacían sin tiempo suficiente para disfrutar nada.

Con esta carta no queremos sólo manifestarles nuestra indignación, sino también exigirles que nos recompensen de alguna manera por el trato que (g) _____.

Atentamente,

Sergio Rodríguez

Nota: *si necesitas saber más sobre estas oraciones consulta la unidad 11 del Nivel 2.*

16 Cuando vayas a Madrid. / Hasta que quieras. / En cuanto lo supe. / Antes (de) que amaneciera. / Cuando lo hayas terminado.

(El uso de subjuntivo en las oraciones subordinadas temporales: relación entre dos acontecimientos)

16.1. Cuando vayas a Madrid.

a Observa estos anuncios y contesta las preguntas que están después:

1. ¿Cree la persona que escribe el anuncio del plan de futura vivienda que los hijos se irán un día de la casa de sus padres? _____ ¿Sabe esa persona, o saben los padres en general, qué día será ése? _____

2. ¿Sabe la persona que escribe la nota que su madre comprará tónica? _____ ¿Sabe qué día y en qué momento la comprará? _____

b Observa los siguientes pares de oraciones y marca las que no digan la fecha en qué van a realizarse:

1. ☐	Mi primo se casará el 31 de Junio.
2.	Mi primo se casará cuando le entreguen la casa que se ha comprado.

3. ☐ El hombre vivirá en Marte a partir del 25 de marzo del año 2.099.

4. ☐ El hombre vivirá en Marte cuando este planeta sea habitable.

5. ☐ Te compraré el avión mañana.

6. ☐ Te compraré el avión cuando te portes bien.

7. ☐ Tendré un hijo dentro de tres años.

8. ☐ Tendré un hijo cuando tenga un trabajo fijo.

9. ☐ Iré a Pekín el mes que viene.

10. ☐ Iré a Pekín cuando tenga dinero.

c

1. En las oraciones que has marcado, ¿es necesaria una situación, o una acción, para que pase algo? _____

2. Esta situación o acción, ¿está en una oración subordinada introducida por el nexo "cuando"? _____

3. ¿En qué tiempo verbal está el verbo de estas oraciones subordinadas? _____

B Completa la siguiente regla con estas palabras: futuro, Presente de Subjuntivo.

Las oraciones subordinadas introducidas por el nexo "cuando", si se refieren a un momento _____, tienen su verbo conjugado en _____.

C

a Observa esta conversación:

Dani: Papá, ¿cuándo vendrá mamá a casa?
Papá: Cuando la abuela salga del hospital.
Dani: ¿Y cuándo saldrá la abuelita del hospital?
Papá: Cuando se ponga buena.
Dani: ¿Y cuándo se pondrá buena?
Papá: Pues… Cuando salga del hospital.
Dani: ¡Ah!

b Contesta las preguntas:

1. ¿Qué tiempo verbal acompaña a "cuándo" en las preguntas? _____

2. ¿Qué tiempo verbal acompaña a "cuando" en las oraciones subordinadas? _____

D **Completa este cuadro seleccionando las opciones correctas de los paréntesis:**

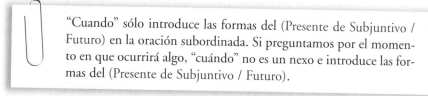

"Cuando" sólo introduce las formas del (Presente de Subjuntivo / Futuro) en la oración subordinada. Si preguntamos por el momento en que ocurrirá algo, "cuándo" no es un nexo e introduce las formas del (Presente de Subjuntivo / Futuro).

E **Coloca los verbos que están entre paréntesis en la forma correcta:**

Esther:	Ya sabe, doña Carmen… Cuando (a) (ir) _____ usted a Córdoba, no deje de visitarme.
D.ª Carmen:	¡Ay, hija!… ¿Cuándo (b) (ir) _____ yo a Córdoba?… ¡A mis años!…

Marco:	¿Cuándo te (c) (ir) _____ de vacaciones?
Julia:	Cuando (d) (volver) _____ Laura. Ya sabes que una de las dos tiene que estar siempre aquí.

Pablo:	Cuando te (e) (comprar, tú) _____ la moto, me la dejas ¿vale?
Luis:	Vale, pero… ¿Cuándo me la (f) (comprar) _____ yo? ¡Si no tengo un duro*!…

Isabel:	Quédate tranquila que, cuando (g) (cobrar, yo) _____, te devuelvo el dinero.
Dora:	¿Y cuándo (h) (cobrar, tú)_____? Porque mira que me hace falta…

*duro: moneda española anterior al euro cuyo valor era de 5 pesetas (1 euro equivale aproximadamente a 167 pesetas). La expresión "No tengo un duro" significa "No tengo dinero".

F **Marca la opción correcta:**

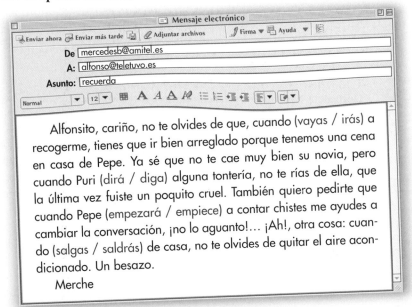

Mensaje electrónico

Enviar ahora Enviar más tarde Adjuntar archivos Firma ▼ Ayuda ▼

De mercedesb@amitel.es
A: alfonso@teletuvo.es
Asunto: recuerda

Normal ▼ 12 ▼

Alfonsito, cariño, no te olvides de que, cuando (vayas / irás) a recogerme, tienes que ir bien arreglado porque tenemos una cena en casa de Pepe. Ya sé que no te cae muy bien su novia, pero cuando Puri (dirá / diga) alguna tontería, no te rías de ella, que la última vez fuiste un poquito cruel. También quiero pedirte que cuando Pepe (empezará / empiece) a contar chistes me ayudes a cambiar la conversación, ¡no lo aguanto!… ¡Ah!, otra cosa: cuando (salgas / saldrás) de casa, no te olvides de quitar el aire acondicionado. Un besazo.
Merche

A

a Observa la oración "hasta que los pies aguanten" en este anuncio publicitario:

1. ¿Te parece que el nexo "hasta que" introduce el mismo tipo de oraciones subordinadas que el nexo "cuando"? _____.

2. ¿Significan lo mismo "cuando" y "hasta que"? _____.

b Observa lo que significa "hasta que" en estas oraciones. ¿Introduce el momento en que ocurrirá algo o el momento en que dejará de ocurrir?

1. Esperaré hasta que salga el tren; luego, me iré.

2. No te levantarás de la mesa hasta que no termines de comer la sopa; después, podrás ir a jugar si quieres.

3. Hasta que no me digas la verdad, te quedarás en tu habitación castigado.

4. Hasta que no vea la nota de mi examen, no sabré si he aprobado o no.

5. Yo os declaro marido y mujer hasta que la muerte os separe.

c Completa este cuadro seleccionando las opciones correctas en los paréntesis:

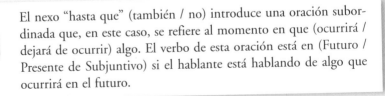

El nexo "hasta que" (también / no) introduce una oración subordinada que, en este caso, se refiere al momento en que (ocurrirá / dejará de ocurrir) algo. El verbo de esta oración está en (Futuro / Presente de Subjuntivo) si el hablante está hablando de algo que ocurrirá en el futuro.

a ¿Qué otros nexos como "cuando" y "hasta que" hay en las oraciones subordinadas de este texto? Subráyalos:

SUGERENCIAS PARA BAÑARSE EN EL
MAR CANTÁBRICO

Cuando pase usted sus vacaciones de verano en el norte de España, acérquese a la playa siempre que vea salir el sol. Entre en la playa y ocupe un lugar cercano a la salida; de esta manera, podrá salir rápidamente de allí en cuanto empiece a llover o cambie la dirección del viento. Pero mientras eso no ocurra, podrá disfrutar de una temperatura realmente agradable: pasee por la playa, tome el sol, relájese. Antes de que decida meterse al agua, póngase una crema y túmbese directamente sobre la playa; de este modo, su cuerpo se llenará de arena y no tendrá más remedio que decidir entrar en el agua para quitársela. Acérquese a la orilla del mar, deje que las olas le acaricien los pies y avance lentamente hasta que el agua le cubra las rodillas. De momento, no avance más. Sienta el placer de sentir sus piernas heladas mientras el resto de su cuerpo continúa expuesto al sol, piense hasta qué lugar le gustaría llegar nadando… y cuente el número de olas. Una, dos, tres, cuatro… cuando pase la séptima ola pequeña, prepárese… porque, después de que haya pasado, empezarán a venir las siete grandes y una de ellas le mojará hasta más arriba de la cintura. Tan pronto como esto ocurra, tírese al agua y nade con furia hasta donde pensó que le gustaría llegar. Descanse un poco antes de volver lentamente a la orilla. Llame desde ella a sus amigos, porque ahora el agua está realmente magnífica; y entonces bucee, y haga la plancha, y juegue con las olas, y siga jugando… Cuando salga del agua, no se seque con la toalla, séquese al sol; desde que empiece a secarse hasta que vuelva a sentir calor, puede pasar una media horita. En ese momento, tiene que decidir si se vuelve al hotel para darse una buena ducha con agua tibia o si se vuelve al agua hasta que cambie el tiempo… o hasta que su cuerpo aguante.

b Señala la opción que podría cambiarse por la oración subordinada en negrita:

1. Acérquese a la playa **siempre que vea salir el sol.**

    a. ❑ Todos los días.

    b. ❑ Cada vez que vea el sol.

2. Podrá salir rápidamente de la playa **en cuanto empiece a llover.**

    a. ❑ Inmediatamente después de que caigan las primeras gotas de lluvia.

    b. ❑ En cada momento que empiece a llover.

3. Mientras eso no ocurra, podrá disfrutar de una temperatura agradable.

    a. ❑ Durante el periodo de tiempo en que no llueva o haga viento.

    b. ❑ Al mismo tiempo que llueva o haga viento.

4. Antes de que decida meterse al agua, póngase una crema.

    a. ❑ En un momento posterior al que decida entrar en el agua.

    b. ❑ En un momento anterior al que decida entrar en el agua.

5. Avance lentamente en el mar hasta que el agua le cubra las rodillas.

    a. ❑ Y párese en el momento en que el agua le cubra las rodillas.

    b. ❑ Y no se pare en el momento en que el agua le cubra las rodillas.

6. Cuando pase la última ola pequeña, prepárese…

    a. ❑ En el momento en que pase la última ola pequeña.

    b. ❑ En el momento anterior al paso de la última ola grande.

7. Después de que haya pasado, empezarán a venir las siete grandes.

    a. ❑ En el momento anterior al paso de la última ola pequeña.

    b. ❑ En el momento posterior al paso de la última ola pequeña.

8. Tan pronto como esto ocurra, tírese al agua.

    a. ❑ Inmediatamente después de que una ola le moje por encima de la cintura.

    b. ❑ Todas las veces que una ola le moje por encima de la cintura.

9. Desde que empiece a secarse hasta que vuelva a sentir calor, puede pasar una media hora.

    a. ❑ A partir del momento en que empiece a secarse.

    b. ❑ En el momento en que empiece a secarse.

C   **¿Te has fijado en el significado de cada nexo? Relaciona sus nombres con el momento que introducen:**

a. *antes de/que* •

b. *hasta/que* •

c. *cuando* •

d. *mientras* •

e. *después de/que* •

f. *desde/que* •

g. *tan pronto como y en cuanto* •

h. *siempre que* •

• **1.** Introduce el momento en que se realiza algo.

• **2.** Introduce el momento en que empieza a realizarse algo.

• **3.** Introduce el momento en que termina de realizarse algo.

• **4.** Introduce el momento anterior a la realización de algo.

• **5.** Introduce el momento posterior a la realización de algo.

• **6.** Introduce una serie de ocasiones en las que se realiza algo.

• **7.** Introduce un periodo de tiempo en el que se desarrolla algo.

• **8.** Introducen el momento inmediatamente posterior a la realización de algo.

D Selecciona en los paréntesis la opción correcta.

1. La cabeza es la parte del cuerpo que más acusa el frío y el calor y por ello conviene cuidarla mucho. Un gorro o pasamontañas de lana, que pueda cubrir las orejas (**después de que / en cuanto**) haga falta, debe tenerse siempre en la mochila.

(Agustín Faus: extracto de *Andar por las montañas*.)

2. South Beach Divers. En esta dirección podrá contratar excursiones de buceo y *snorkel* a Key Largo. Generalmente parten por la mañana y vuelven (**antes de que / hasta que**) caiga el sol.

(Horacio de Dios: extracto de *Miami*.)

3. Algún día, (**desde que / cuando**) muera, si Dios me concede tener conciencia de ello y un poco de tiempo para despedirme de mis recuerdos, habrá cuatro o cinco imágenes que guardaré (**desde que / hasta que**) se borren todas: el campo tendido detrás de una fila de eucaliptos...

(Alicia Jurado, citada por Yuyú Guzmán en *El país de las estancias*.)

4. (En caso de robo o extravío de su tarjeta de crédito) puede llamar a Visa España a los teléfonos 91-519 2100 ó 91-519 6000. En el extranjero, llame a Línea Directa Argentaria al 34-1-537 9001 (**tan pronto como / después de que**) sea posible y comunique su pérdida.

(Texto efímero, en CREA.)

5. Debido a que los insecticidas acaban con las plagas porque tienen veneno y, por lo mismo, pueden dañar a los animales y a las personas, (**hasta que / siempre que**) se trabaje con insecticidas, deben tomarse medidas preventivas.

(L. Bolaños y R. Moreno: extracto de *Cultiva y cosecha en tu casa*.)

6. La condición de socio se perderá por alguna de las siguientes causas:
a) Por voluntad del socio, manifestada por escrito a la Junta Directiva General.
b) Por impago de la cuota anual, transcurridos 60 días (**desde que / antes de que**) le sea requerido su pago por escrito por el tesorero

(Texto efímero, en CREA.)

a   **Lee el siguiente texto y contesta las preguntas que están a continuación:**

Cuando estuvimos en Suances, íbamos a la playa siempre que veíamos salir el sol. Pero textualmente ¿eh?: sólo íbamos después de que lo veíamos salir. Dejábamos nuestras cosas cerca de la salida… así, podíamos salir corriendo en cuanto cambiaba el tiempo. Pero mientras hacía bueno, chico, se estaba muy bien allí. Bueno, el agua estaba un poco fría. Fíjate que cuando yo me tiro al agua en la piscina, aquí en Madrid, me tiro de golpe… pero allí, para entrar al agua, me iba metiendo poco a poco, hasta que llegaba una ola mientras estaba distraído y me mojaba casi por completo. Entonces me tiraba al agua, empezaba a nadar y nadaba hasta que me cansaba. Luego volvía a la orilla y me bañaba con los niños y con Marga. ¡Entonces sí que estaba buena el agua! Podíamos quedarnos jugando con las olas horas y horas… Luego me tumbaba en la arena para secarme, pero en seguida estaba seco y me volvía al agua. Y después, al hotel. Una buena ducha (eso sí, con agua caliente), una buena comida y una siestecita después de comer. Luego nos íbamos a dar una vuelta por ahí, que hay rincones muy bonitos. Pero ahora… se acabó la playa y se acabaron las excursiones. Hay que trabajar. Bueno, se acabó la playa hasta que lleguen las próximas vacaciones, porque yo, siempre que tengo un poco de tiempo…

1.   Las oraciones subordinadas que estamos estudiando, ¿se refieren siempre a algo que ocurrirá en un momento posterior? _____

2.   Cuando se refieren a un tiempo pasado o al presente, ¿están los verbos en Presente de Subjuntivo? _____

b   **Completa este cuadro con una de estas opciones: Presente de Subjuntivo, el tiempo que le corresponda del Indicativo.**

Las oraciones subordinadas que estamos estudiando llevan el verbo en _____ sólo si se refieren a algo que va a pasar en un momento posterior.

c   **Relaciona estos textos con *algunos* del apartado 2.D. y completa las oraciones teniendo en cuenta el tiempo en que están ahora:**

1.   Como yo me había llevado un gorro de lana en la mochila, me lo puse _____ falta, en el mismo momento en que empecé a sentir frías mis orejas.
2.   Me robaron la cartera con todas mis tarjetas de crédito. Llamé a Visa para anular mi Visa Oro _____ posible, pero ya era demasiado tarde.

3. No entiendo cómo ha podido pasar. Él era muy precavido con todo lo que contiene veneno, tomaba medidas preventivas _____ con insecticidas.

4. Como han pasado más de sesenta días _____ el pago de su cuota anual y usted aún no la ha hecho efectiva, me veo en la obligación de informarle de que ha perdido su condición de socio en esta entidad.

16.3. Antes (de) que amaneciera.

A

a Lee las oraciones que hay a los lados de cada imagen y contesta las preguntas:

La selva amazónica

Antes de que llegara la industria maderera

Después de que llegara la industria maderera

La playa

Antes de que llegaran los bañistas

Después de que salieron los bañistas

Una instalación industrial

Antes de que llegaran los robots

Después de que llegaran los robots

135

1. ¿Se refieren estas oraciones siempre a un tiempo pasado? _____

2. El verbo de estas oraciones, ¿está siempre en el tiempo verbal que le corresponde del Indicativo? _____

3. ¿En qué tiempo verbal se conjugan los que están en Subjuntivo?
_____

4. El nexo "antes de que", ¿introduce siempre el Subjuntivo? _____

5. El nexo "después de que", ¿introduce a veces el Subjuntivo? _____

B **Completa el siguiente cuadro con las opciones a veces, Pretérito Imperfecto de Subjuntivo.**

> Cuando nos referimos al pasado, el verbo de la oración subordinada introducida por "antes de que" está siempre en _____ y el de la introducida por "después de que" sólo está en este tiempo verbal _____.

C **Observa cuándo se realizaron algunos inventos y completa las oraciones de la página siguiente. Puedes usar verbos como conocerse, inventarse, existir, usarse, haber.**

ANTES DEL S. X:

SIGLOS X-XV

SIGLOS XVI - XVIII

SIGLOS XIX - XX

1. Mucho antes de que _____ la máquina de escribir, ya se escribía con pluma.
2. Antes _____ el reloj de pulsera, se sabía la hora por relojes de arena y de otros tipos.
3. Después _____ las gafas, se construyó el microscopio.
4. Mucho _____ el papel, se inventó la imprenta.
5. _____ el barco de vapor, se viajaba por mar en barcos de vela.
6. _____ los raíles de hierro, nació el ferrocarril.
7. _____ luz eléctrica, la gente se alumbraba por la noche con candiles.
8. _____ el avión, la gente ya había viajado en globo.

16.4. Cuando lo hayas terminado.

A

a Subraya en este texto las oraciones subordinadas temporales que tengan el verbo en subjuntivo:

Pues nada, chico, ya sabes que hice un cursillo de submarinismo y este verano me dije: "Nos vamos a la costa y mientras Marga se queda con los niños en la playa, yo… a bucear". Y todo iba muy bien, hasta que un día me encontré un pulpo de un tamaño… Mira, cada una de sus patas parecía una autopista, fíjate si era grande. Bueno, pues pensé: "Antes de que este animal me vea, podría intentar pescarlo para que lo cocine Marga, que siempre se ríe de que vuelvo de mis excursiones submarinas sin una gamba". Y dicho y hecho, disparé mi fusil y le di en plena frente… ¿Por qué lo haría yo?… Se vino hacia mí, me agarró con una de sus patazas y se subió de un solo salto hasta la superficie. Yo no me lo podía creer… Felizmente, pasó por allí un banco de atunes y el animal aquel me soltó… Mientras volvía hacia la playa, me decía a mí mismo: "Mira, Mariano, en cuanto pongas el pie sobre tierra firme, te quitas este traje de bucear y lo quemas, que cuando lo hayas quemado, ya no verás más pulpos gigantes". Luego no lo quemé. Mi mujer me dijo: "Después de que lo hayas terminado de pagar, podrás quemarlo o regalárselo al que te dio ese carnet de buceador que tienes". Así que, chico, cuando hayas pasado lo que pasé yo, comprenderás por qué ya sólo uso el traje de buceo en la piscina de la urbanización.

b Escribe aquí las que no tengan el verbo en Presente de Subjuntivo:

1. _____
2. _____
3. _____

c Escribe aquí el nombre de este tiempo verbal: _____ .

B Observa estos pares de oraciones y contesta después las preguntas:

> Cuando se haya marchado el jefe, llamaré por teléfono a todas mis amigas.
>
> Se marchará el jefe y, luego, yo llamaré a mis amigas.

> Cuando te hayas despedido de todo el mundo, nos podremos ir.
>
> Te despedirás de todo el mundo y, luego, te podrás ir.

> Me levantaré cuando haya salido el sol, no antes.
>
> Saldrá el sol y, luego, me levantaré.

> Cuando me hayas escrito, te escribiré yo.
>
> Me escribirás una carta y, luego, yo te escribiré otra.

1. Estas oraciones, ¿se refieren siempre al futuro? _____

2. ¿Hay en ellas un momento anterior a otro? _____

3. Las oraciones subordinadas, ¿se refieren a algo que pasará antes de lo que ocurre en la oración principal? _____

C Completa la regla seleccionando la opción correcta:

> Para referirnos a algo que habrá pasado antes de lo que ocurre en la oración principal, conjugamos el verbo de la oración subordinada en (Presente / Pretérito Perfecto) de Subjuntivo.

D Completa este cuento conjugando los verbos de los paréntesis:

Una mañana, muy temprano, iba una joven campesina al mercado a vender la leche que llevaba en un recipiente sobre su cabeza. Mientras caminaba, la joven iba pensando:

"Con el dinero de la venta de la leche, compraré unos pollitos y los cuidaré hasta que (crecer) *hayan crecido* y los pueda vender a buen precio en el mercado. Cuando los (a) (vender)_____, compraré un par de ovejas, que me darán leche para hacer quesos y lana para tejer mantas, que también venderé en el mercado para comprar más ovejas. Cuando (b) (comprar)_____ cincuenta ovejas, producirán tanta leche y tanta lana que tendré que contratar obreros para que me ayuden a hacer los quesos y las mantas, que seguiré vendiendo para poder comprar más ovejas y contratar más obreros. Compraré tierras con buenos pastos, y vacas, y también caballos. Me haré rica, muy rica, y después de que me (c) (hacerse)_____ inmensamente rica, podré comprarme una gran casa, vestiré bien, tendré criados. Todo el mundo querrá conocerme, muchos hombres interesantes querrán casarse conmigo y, en cuanto (d) (elegir)_____ el mejor, me casaré con él."

Con estos pensamientos, la lechera se puso tan contenta que empezó a saltar y a bailar... hasta que se le cayó el recipiente de leche que había dejado olvidado sobre su cabeza. De esta manera, la pobre mujer no sólo perdió la leche, sino también los pollitos, las ovejas, las tierras, su riqueza... Todo lo que había creído tener no fue más que un sueño. Por eso, con este cuento aprendemos que no tendremos algo que deseamos hasta que lo (e) (conseguir)_____ nosotros mismos por medio de nuestro trabajo.

(Samaniego, F. M.: fábula de *La Lechera*. Texto adaptado.)

Nota: *si necesitas saber más sobre estas oraciones consulta la unidad 12 del Nivel 2.*

17

Si bebes, no conduzcas. / Si tuviera dinero, me compraría un yate. / ¿Qué pasaría si se fundieran los Polos?/ Como no te comas los macarrones, no tendrás helado de postre. / Podrá llamar siempre que haya saldo.

(El uso de subjuntivo para expresar condiciones en presente y futuro)

17.1. Si bebes, no conduzcas.

A Lee estos tres anuncios y la canción:

CONFIN, EL CAMINO MÁS DIRECTO. PROFESIONAL Y RENTABLE PARA USTED, A LA HORA DE HACER CUALQUIER GESTIÓN INMOBILIARIA

Oca, 39 - Bajo 3 28025 Madrid
Tel. 914 284 104 Fax 915 556 588

Garantía de compra:
Si no queda satisfecho, le devolvemos su dinero

MINISTERIO DEL INTERIOR — Dirección Gral. de Tráfico

— ¡Oh, bello alpino, regálame esas flores!
¡Oh, bello alpino, regálame esas flores!
ría ría cataplán,
regálame esas flores.

— Te las regalo si te casas conmigo,
te las regalo si te casas conmigo,
ría ría cataplán,
si te casas conmigo.

(Canción infantil.)

a Fíjate en las cuatro oraciones que empiezan con la palabra "si" y completa el cuadro:

Oración condicional (empieza por "si")	La oración condicional se refiere al	Oración principal	La oración principal se refiere al
Si bebes	presente o futuro	no conduzcas	presente o futuro

b 1. Estas oraciones expresan algo

     ❑ **a.** que es muy poco probable que ocurra.

     ❑ **b.** que puede ocurrir o no, depende de la situación.

     ❑ **c.** que es imposible que ocurra.

2. El verbo de la oración condicional está en:

     ❑ **a.** Indicativo   ❑ **b.** Subjuntivo   ❑ **c.** Imperativo

3. Cuando la oración que empieza con "si" se refiere al futuro el verbo está en:

     ❑ **a.** Futuro   ❑ **b.** Condicional   ❑ **c.** Presente

4. Selecciona la opción correcta:

> Cuando expresamos una condición con "si" que creemos posible, el verbo de la oración condicional está en INDICATIVO / SUBJUNTIVO.

B Vamos a practicar esto con el siguiente ejercicio. Tienes que elegir cuál es el verbo correcto.

a.

Si le apasionan / apasionen los automóviles ahora puede disfrutar del placer de coleccionarlos

Ford Explorer
Ferrari Testarossa
Volkswagen 1303 Cabriolet
Plymouth Prowler
Corvette 57
Mercedes Benz A-Class

CLUB INTERNACIONAL DEL LIBRO
Avda. Manoteras, 50-52 - 28050 Madrid

SUPERLIBRETA SANTANDER

Banco Santander

b.

José Miguel Galante
Subdirector General Adjunto
Banca de Particulares y Marketing

Madrid, mayo 2007

Estimado cliente,
Si no quiere / querría esperar a Navidad para recibir regalos siga confiando en la SuperLibreta Santander y disfrutará los 365 días del año de excelentes condiciones: Sin comisiones si domicilia / domicilie su nómina o pensión.
Confío en que esta promoción sea de su interés le enviamos un cordial saludo.

Atentamente,

Banco Santander Central Hispano

c. *Si tú me DICES / DIGAS ven, lo dejo todo.*
Si tú me DICES / DIGAS ven, será todo para ti:
mis momentos más ocultos,
también te los daré;
mis secretos, que son pocos,
serán tuyos también.

(Canción de Los Panchos.)

d. Hay dos formas de eludir el pago de impuestos: si una actividad no *ha tenido / haya tenido* lugar, no necesitas pagar, o bien tampoco pagas si *hayas hecho / has hecho* alguna operación que Hacienda no puede detectar...
(Ernesto Ekaizer, *Vendetta.*)

C La revista *CONSEJOS DE TU FARMACÉUTICO* nos ofrece unos consejos para cuidar la espalda. Queremos que tú los escribas relacionando las oraciones de cada columna:

Realizar un trabajo de pie •

Sentarse para descansar o leer •

Trasladar objetos pesados •

Conducir durante largos períodos •

Utilizar almohada para dormir •

• Apoyar la espalda firmemente sobre el respaldo.
• Cambiar de postura de vez en cuando y no usar tacones altos.
• Evitar que sea blanda o muy alta.
• Inclinarse flexionando las piernas.
• Hacer pequeñas paradas para estirarte y caminar unos pasos.

1. Si realizas un trabajo de pie, cambia de postura de vez en cuando y no uses tacones altos.

2. _____

3. _____

4. _____

5. _____

17.2. Si tuviera dinero me compraría un yate.

A Observa los dibujos y contesta las preguntas:

SI FUERAS EL PRESIDENTE DEL GOBIERNO DE TU PAÍS, ¿QUÉ HARÍAS?

SI PUDIERAS VOLVER ATRÁS, ¿CAMBIARÍAS ALGO DE TU VIDA?

SI FUERAS MÁS RICO, ¿CREES QUE SERÍAS MÁS FELIZ?

SI TU PIEL TUVIERA OTRO COLOR, ¿CREES QUE TU VIDA SERÍA DIFERENTE?

a Estas preguntas expresan algo que en este momento es:

❏ 1. probable ❏ 2. poco probable ❏ 3. imposible

b Se refieren al

❏ 1. pasado ❏ 2. presente ❏ 3. futuro

c El verbo de la oración condicional está en:

❏ 1. Indicativo ❏ 2. Imperfecto de Subjuntivo ❏ 3. Futuro

B Completa:

> Cuando expresamos una condición que habla de algo imposible, que no se cumple en el presente, el verbo de la oración condicional está en _____ de Subjuntivo. En estos casos, el verbo de la oración principal suele estar en Condicional.

C Completa los textos siguientes con el verbo en el tiempo adecuado:

1.

MUY EN INTERNET

Sé que mi opinión no va a ser llevada a la práctica por ahora, pero pienso que hay mucha gente que leería la revista *MUY INTERE-SANTE* si (ESTAR) _____ íntegramente en Internet. Por lo menos, podrían poner los números anteriores.

(*didacus estudianteole.com* en la revista *MUY INTERESANTE*.)

2. Si (PODER) _____ sembrar
los campos que arrasé,
si (PODER) _____ devolver
la paz que quité,
no dudaría,
no dudaría en volver a reír.
Si (PODER) _____ olvidar
aquel llanto que oí,
Si (PODER) _____ lograr
apartarlo de mí,
No dudaría, no dudaría en volver a reír.

Prometo ver la alegría,
escarmentar de la experiencia,
pero nunca,
nunca más usar la violencia.

(Canción de Antonio Flores.)

3.

Ya sé que los príncipes azules* no existen

... pero si (existir) ...

... Ya sé cómo sería mi príncipe azul.

¿Cómo sería?

(Fragmento de viñetas de Rita.)

(*) Príncipe azul: personaje tradicional de los cuentos infantiles que representa el ideal de hombre perfecto soñado por las mujeres.

D Muchas veces utilizamos condicionales de este tipo para dar un consejo a otra persona. En esos casos utilizamos las expresiones siguientes, seguidas de la oración principal:

> - Si yo fuera tú
> - Yo que tú (más informal)
> - Yo, en tu lugar
> - Si yo estuviera en tu lugar

Imagina que tienes que dar uno de estos consejos:

> - **No dejar ese trabajo**   - *Tomarse unas vacaciones*
> - *Ir al médico*   - **Estudiar más**

1. Una amiga tuya tiene un trabajo que le encanta y en el que gana un buen sueldo pero se ha enfadado con un compañero y está pensando en marcharse; tú le dices:
   Si yo fuera tú nunca dejaría ese trabajo.

2. Tu hermano lleva varios días con fiebre y está muy débil. Hace mucho tiempo que no va al médico.

   _____

3. Un compañero de clase está muy preocupado porque teme que no va a aprobar un examen. Tú sabes que apenas ha estudiado.

   _____

4. Tu padre parece muy cansado desde hace varios meses, tú sabes que trabaja demasiado y que casi nunca se dedica tiempo a sí mismo.

   _____

17.3. ¿Qué pasaría si se fundieran los Polos?

A Lee el anuncio y el texto y contesta las preguntas:

quonsultas

¿Qué pasaría si se fundieran los Polos?

El nivel de los mares subiría en promedio más de 80 metros. Gran parte de esa subida -66 metros- se debería al hielo antártico, con un volumen de más de 30 millones de kilómetros cúbicos. Otros diez metros, al hielo de Groenlandia. Y el resto, a los otros glaciares del mundo. Aunque es difícil que esto suceda, los expertos en Cambio Climático de las Naciones Unidas consideran que solamente con una subida de más de medio metro, los ecosistemas costeros y los arrecifes coralinos verían peligrar gravemente su existencia.

JAVIER ARMENTIA

"Si tuviera que escoger un libro para llevarme a una isla desierta me llevaría la **Encyclopædia Britannica**".
Jorge Luis Borges

Ahora, llévesela a casa por mucho menos de lo que usted piensa
Encyclopædia Britannica

Llame al 902 300 436 o envíe el cupón a: EBRISA Apdo. Correos 9.014 08080 BARCELONA Fax (93) 414 67 40
☐ Deseo recibir información detallada de la Enciclopedia Britannica.
Deseo recibir información detallada de otras obras de Ebrisa:
☐ ENCICLOPEDIA ART FMR.   NOMBRE:
☐ ENCYCLOPÉDIE DE DIDEROT ET D'ALEMBERT.   DIRECCIÓN:
☐ ENCICLOPEDIA HISPÁNICA.   POBLACIÓN:
☐ LOS SIGNOS DEL HOMBRE.   PROVINCIA:
☐ PATRIMONIO DE LA HUMANIDAD.   TELÉFONO:

1768
Encyclopædia Britannica
EBRISA
Las mejores Obras del mundo.

1. ¿A qué momento del tiempo se refieren las oraciones condicionales? _____.
2. ¿Crees que se expresan como algo probable, poco probable o imposible? _____.

B Completa la siguiente regla con las palabras Imperfecto, futuro.

Cuando expresamos una condición que habla de algo que presentamos como poco probable, difícil de cumplir en el _____, el verbo de la oración condicional está en _____ de Subjuntivo.

C Completa el siguiente texto teniendo en cuenta que las condiciones que se tienen que cumplir son:

*Producirse un robo • Fallecer el asegurado • Haber un incendio
Tener un accidente el asegurado • Quedarse inválido el asegurado*

SEGURO DE VIDA Y HOGAR (*)

1. **Si se produjera un robo** en el domicilio asegurado el cliente recibiría el 80 % del valor de los objetos sustraídos.
2. _____ en la casa, el seguro se compromete a la rehabilitación y el acondicionamiento de la vivienda. Lo mismo ocurre en caso de inundación.
3. _____ recibiría la atención hospitalaria necesaria.
4. _____ por causa de un accidente, recibiría el doble del capital asegurado.
5. _____ los beneficiarios recibirían el doble del capital asegurado. La aseguradora se haría cargo de las facturas correspondientes a los servicios funerarios.

(*) Aunque algunas personas puedan hacerse un seguro de vida en condiciones en las que sea más probable que tengan un accidente o que incluso puedan llegar a fallecer (personas con trabajos peligrosos o que pasan mucho tiempo en carretera), los textos de los seguros se redactan siempre como si la situación del posible accidente o fallecimiento fuera poco probable. Se hace así por sensibilidad hacia el propio asegurado.

D Completa el texto teniendo en cuenta que se trata de cualquiera de los tipos de oraciones condicionales que hemos visto hasta ahora.

¡Me encanta estar aquí! Si (a) (TENER) _____ más dinero me compraría un *jacuzzi* enorme... Aunque en este baño tan pequeño no sé yo... Si por fin mi jefe (b) (CUMPLIR) _____ su palabra y si (c) ASCENDER) _____ me podría comprar una casa más grande. Bueno, mejor dejo de soñar y salgo de aquí enseguida, si hoy (d) (VOLVER) _____ a llegar tarde, mi jefe me mata.

A

a Yolanda le está dando la comida a su hija Carmen, pero le resulta un poco difícil porque la niña no quiere comer. Observa lo que le dice y contesta las preguntas:

> Como no te comas los macarrones, no tendrás helado de postre.

> Si no te tomas el jarabe te va a doler la tripita.

> Como te levantes de la mesa, mamá se enfada contigo.

> Si no te lo comes todo se lo daré a la muñeca.

1. ¿Qué otro nexo condicional, además de "si", ha aparecido en estas frases? _____

2. En las oraciones introducidas por ese nexo el verbo está en _____

b Fíjate otra vez en las oraciones introducidas por ese otro nexo condicional y compáralas con estas:

– Un compañero le dice a otro: *"Como no me devuelvas los apuntes antes del examen, no te vuelvo a prestar nada"*.
– Un padre le dice a su hijo: *"Como llegues después de las doce, mañana no sales"*.

En estas oraciones hay un matiz de:

❏ a. amenaza o advertencia ❏ b. duda ❏ c. temor

B

a Lee este fragmento de un folleto informativo de las Tarjetas Movistar Activa y contesta las preguntas:

Sólo gastas si llamas, sin cuotas mensuales ni facturas

Validez

Las tarjetas MoviStar Activa tienen un periodo de validez de 9 meses, desde que se realiza la primera llamada y siempre que haya saldo disponible.

Si se agota el saldo, puedes seguir recibiendo llamadas durante 3 meses más. Además, 15 días antes de finalizar dicho periodo de validez te lo notificaremos mediante un mensaje de texto y 10 días antes mediante una locución.

145

En este fragmento hay tres oraciones condicionales (que dependen de otras tres principales) ¿Sabes cuáles son? Te ayudamos escribiendo los nexos:

1.

	Si
Oración principal	Oración condicional

2.

	Siempre que
Oración principal	Oración condicional

3.

Si	
Oración principal	Oración condicional

b Las oraciones condicionales que llevan "si" tienen el verbo en

❑ Indicativo   ❑ Subjuntivo   ❑ Imperativo

La oración que lleva otro nexo condicional ("siempre que") lleva el verbo en

❑ Indicativo   ❑ Subjuntivo   ❑ Imperativo

c Observa también este texto sobre una de las nuevas normas de publicidad en la televisión estatal, y responde después la pregunta:

> Se regula la televenta, autorizando hasta 3 horas diarias de estos programas, siempre que cumplan una serie de requisitos de duración, y que se identifiquen claramente por los telespectadores
>
> (*MÍA*, n.º 766.)

En las oraciones condicionales introducidas por "siempre que" hay un matiz de

☐ **1.** algo que parece obvio o que es una condición absolutamente necesaria

☐ **2.** algo que se desea con fuerza

☐ **3.** amenaza o advertencia

d Completa:

Las oraciones condicionales introducidas por un nexo distinto de "si" llevan el verbo en _____. Algunos nexos introducen matices en el significado de la oración.

C En estos textos aparecen oraciones condicionales con los nexos que hemos visto y algunos más. Selecciona los verbos en el tiempo que te parezca adecuado:

Sólo si
(tienes/tendrás)
MoviStar
puedes chatear desde tu móvil

1.

MoviStar Activa

Telefónica
MoviStar

Convocatorias 2007

Inmigración

Social

Colaboraciones en
iniciativas
sociales

I Convocatoria
Proyectos dirigidos a
colectivos de inmigrant
con dificultades
de integración social

Fundación "la Caixa"

2.

En caso de que el proyecto (ES/ SEA) presentado por dos o más entidades, habrá que incluir los mismos datos de cada una de ellas. En este caso deberá justificarse el compromiso entre las entidades para la realización del proyecto.

El plazo de presentación de las solicitudes finalizará el 12 de marzo del 2001.
No se aceptarán solicitudes fuera de este plazo, excepto en el caso de las enviadas por correo, que se aceptarán siempre que la fecha del matasellos no (SEA / FUERA) posterior a la fecha final de la convocatoria.

(Fundación "La Caixa")

3.

"Soy inmigrante, ¿qué papeles necesito para que me contraten?"

Actualmente, si no (TIENES / TENGAS) permiso de residencia permanente, deberás presentarle al empresario el permiso de trabajo, que tendrás que obtener en una delegación del Ministerio de Trabajo. Este permiso es una autorización para realizar en España actividades por cuenta ajena y su duración no excede de 5 años, aunque puede renovarse si se (RENOVARÍA / RENUEVA) la oferta de trabajo que dio lugar a su concesión. Si (HAYAS CONTRAÍDO / HAS CONTRAÍDO) matrimonio con un/a español/a o tienes ascendientes o descendientes españoles, no necesitas el permiso.

(Respuesta a un lector en la revista *MÍA*, nº 767.)

4.

Diviértete todo los que quieras creando un peinado nuevo, siempre y cuando (EMPEZARAS / EMPIECES) por un pelo sano

PANTENE

Love your hair

5.

Extracto de las bases de la promoción "Hch 2000" (del grupo Holiday Change):
(...) 2.- Todas las personas que sean seleccionadas por Holiday Change para participar en la presente promoción recibirán uno de los diversos documentos de participación que en distintas versiones emitirá Holiday Change (...) 3. En caso de que un participante (RECIBIRÁ / RECIBIERA) más de un documento de participación, sólo sería válido el primero, considerándose nulos a todos los efectos, los restantes documentos.

6. Las natillas y el arroz con leche serán seguros siempre que (HAYAN ESTADO / HAN ESTADO) bien refrigerados y se sirvan fríos. Si los (TENGAN / TIENEN) a temperatura ambiente, las posibilidades de que estén en malas condiciones son bastante altas y, en ese caso, mejor será que no los pida.

(*Guía práctica de la alimentación* de Mercedes Bobillo.)

UNIVERSIDAD COMPLUTENSE **7.**

Normas generales sobre los traslados de expediente.
(...)
Listado de admitidos:
  1. Listado de admitidos de la primera fase.
  2. Listado de admitidos de la segunda fase, sólo si (QUEDARAN / QUEDARÁN) plazas vacantes.

D **Con toda la información anterior puedes completar este cuadro**

NEXOS CONDICIONALES 1	MATIZ DE SIGNIFICADO QUE AÑADEN
1.	Condición amplia y generalizada. Es el nexo más frecuente.
2. Sólo si (*)	Da mayor fuerza a la condición, es decir, la hace necesaria y suficiente.
3. Siempre que / siempre y cuando	
4. En caso de que	
5. Como	

(*) Con respecto a las normas para el uso de indicativo y subjuntivo funciona igual que "si".

Nota: *si necesitas saber más sobre estas oraciones consulta la unidad 14 del nivel 2.*

18

Aunque me gusta mucho, ¿sabes? / Pues aunque esté lejos. / Aunque no pidiera factura. / Pues aunque lo hayas pedido. / Aunque hubiera serpientes pitón.

(El uso de subjuntivo en oraciones concesivas en presente, futuro y pasado)

18.1. Aunque me gusta mucho, ¿sabes?

A Observa este dibujo y contesta las preguntas:

1. ¿Pensó esto Felipe?: "Si a mí me regalaran algo, me gustaría que fuera un traje de astronauta…, pero mi papá no sé para qué lo quiere." _____.

2. ¿Encuentra alguna objeción para regalar un traje de astronauta a su papá? _____.

3. ¿Informa de esta objeción a su amiga? _____.

4. ¿Qué palabra usa Felipe para introducir la oración en la que informa de la objeción? _____.

B Observa estas imágenes y contesta las preguntas:

1. ¿Hay alguna objeción para que Rafa haga bien el examen, Marta vaya a la playa y Ana no acepte el bombón? _____.
2. ¿Impiden esas objeciones que Rafa haga bien el examen, Marta vaya a la playa y Ana no acepte el bombón? _____.
3. Escribe las oraciones en las que Rafa, Marta y Ana informan de sus objeciones para hacer bien el examen, ir a la playa y no aceptar el bombón. _____ _____, _____, _____.
4. Los verbos de estas oraciones, ¿están en el tiempo que les corresponde del Indicativo o en Subjuntivo? _____.

C Completa el siguiente cuadro seleccionando la opción correcta:

"Aunque" introduce una oración que informa de una objeción que no impide que ocurra algo. El verbo de esta oración está en el tiempo que le corresponde de (Indicativo / Subjuntivo).

D Escribe las oraciones que faltan con la información de estos dibujos:

1. ► ¿Te vienes con nosotros al cine, Carmen?
▷ Bueno, _____.

2. ► Entonces, ¿cómo piensas viajar a Inglaterra?
▷ En barco. _____ ¿sabes?

3. ► Oye, ¿tú tienes coche?
▷ Sí. Y _____, todavía funciona.

18.2. Pues aunque esté lejos. / Aunque no pidiera factura. / Pues aunque lo hayas pedido.

A Lee este diálogo y contesta las preguntas:

Álvaro: Mira, Luis, ¿has visto qué bonito?… Pues me voy a vivir aquí. Lo tengo decidido.

Luis: Sí que es bonito, sí… ¿Dónde está?

Álvaro: En Bariloche, al sur de Argentina…

Luis: ¡Pero eso está muy lejos para irse a vivir!

Álvaro: ¿No sabes que hay aviones, teléfono, Internet…? Te puedes comunicar rápidamente con cualquier parte del mundo… Mira, hoy en día las distancias ya no se miden en kilómetros, se miden con el dinero que tienes en el banco… No… Aunque parezca que está lejos, yo creo que no lo está tanto.

Luis: ¿Es que has encontrado un buen trabajo allí?

Álvaro: Pues sí y no… Porque un trabajo fijo no tengo… Pero ya sabes que hace tiempo que quiero independizarme, ¿no? Ya te he hablado de mis ideas para trabajar con Internet… Bueno, pues quiero llevarlas a la práctica… Así que, aunque no tenga un trabajo fijo, espero que trabajo no me falte… ¡Hombre!, ya sé que es un riesgo, pero si no me arriesgo ahora que soy joven…

Luis: Oye, ¿y ya conoces a alguien allí?

Álvaro: No, a nadie. Pero eso es lo que menos me importa… Al fin y al cabo, tengo un carácter abierto, me gusta relacionarme con la gente, eso no ha sido nunca un problema para mí… No, aunque todavía no conozca a nadie, digo yo que gente interesante habrá.

Luis: Siempre he dicho que tienes la cualidad de poder hablar hasta con las piedras. A veces te envidio, encuentras todo lo bueno que hay en la gente… Pero oye, otra cosa, ¿no has pensado en la situación económica de Argentina?

Álvaro: Sí, ya sé que va mal, que quizás sea difícil, que tendré que intentar trabajar con multinacionales para poder cobrar en dólares, que puedo parecer loco… Pero aunque sea una locura, yo voy a intentarlo. Mira, ¿no me digas que a ti no te gustaría también vivir aquí?… ¡Hay que buscar la calidad de vida, Luis, la calidad de vida es lo que importa! Y aquí estamos ahogados de trabajo y polución.

1. ¿Encuentra Luis muchas objeciones a que Álvaro vaya a vivir a Bariloche? _____.

2. ¿Conocía ya Álvaro esas objeciones? _____.

3. ¿Tiene Álvaro argumentos para quitar importancia a las objeciones que pone Luis? _____.

4. Las oraciones en las que Álvaro habla de esas objeciones, ¿están introducidas por "aunque"? _____.

5. Las oraciones introducidas por "aunque", ¿informan de algo o se refieren a una información que comparten Álvaro y Luis? _____.

6. ¿En qué tiempo verbal están ahora las oraciones introducidas por este nexo? _____.

B Completa este cuadro seleccionando la opción correcta:

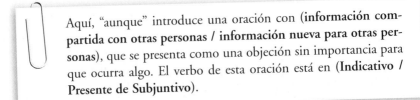

Aquí, "aunque" introduce una oración con (**información compartida con otras personas / información nueva para otras personas**), que se presenta como una objeción sin importancia para que ocurra algo. El verbo de esta oración está en (**Indicativo / Presente de Subjuntivo**).

Escribe las objeciones que no le parecen importantes a Miguel:

Miguel: Ya sé que quieres que estudie Derecho, papá, pero… Yo lo he pensado bien y a mí… Bueno, pues a mí me gustaría ser misionero.

D. Miguel: ¿Misionero…? ¿Tú…? ¡Pero si te gustan mucho las chicas…!

Miguel: ¡Ya sabía yo que me ibas a decir eso!… Y no digo que no porque es verdad, para qué te lo voy a negar… Pero yo he pensado que, (a) _____ _____, hay cosas más importantes.

D. Miguel: ¿Cosas más importantes?… ¿Cómo qué, por ejemplo?

Miguel: No sé… ¡Hay tantas!… ¿No ves que hay mucha gente en el mundo que necesita ayuda?

D. Miguel: Pues eso… Que esa gente está donde hay revolución, hambre y miseria. ¡Te enviarán allí!… ¿Y no has visto lo que hacen a veces con los misioneros en África?… ¡Te digo que esos lugares son muy peligrosos!

Miguel: Ya… Ya lo sé, ya sé que son peligrosos… Pero si un día me mandan a uno de esos países tan revolucionados, tendré que ir… (b) _____ peligroso. Es donde más falta hacen los misioneros, ¿no?

D. Miguel: Y no sólo lo digo porque puede haber conflictos sociales. También te puedes contagiar de alguna enfermedad grave… No tendrás una vida cómoda… Ni podrás tener hijos… ¿Y qué vamos a hacer mamá y yo sin ti?

Miguel: Los hijos, la vida cómoda, las enfermedades no me importan… Vosotros sí que me importáis, papá. A lo mejor no te lo crees, pero ya llevo bastante tiempo pensando en esto y lo único que me impedía hacerme misionero era pensar que os ibais a quedar solos mamá y tú… Pero es que yo ya no me siento bien aquí, papá. Estoy de mal humor, casi no hablo con vosotros, nos estamos distanciando (c) _____ en la misma casa. Por eso, es mejor que me vaya, ¿no crees?

D. Miguel: ¡Ay, hijo!… ¿Qué te puedo decir?… ¿Y ya has hablado con tu madre?

Piensa si las oraciones subrayadas tienen información ya compartida o información nueva. Selecciona en los paréntesis la opción correcta:

1. Los chinos fueron los primeros que usaron el papel moneda, hacia el año 650 de nuestra era. **Aunque ninguno de esos billetes ha soportado el paso del tiempo**, sabemos el aspecto que tenían gracias a los grabados de un viejo libro de historia chino.

(G. Whitehead y P. Baskerville: extracto de *La historia del dinero*.)

(información ya compartida / información nueva)

2. El oído de un adulto sano detecta sonidos comprendidos entre los 20 000 y 25 000 herzios (Hz), **aunque su sensibilidad es mayor en la franja de los 1000 a los 3000 Hz.** No es una casualidad: dentro de este margen de frecuencias se transmite la información adecuada a la comunicación oral.

(Enrique M. Coperías: extracto de "Estamos perdiendo oído", en *Muy interesante*.)

(información ya compartida / información nueva)

3. Los dientes de leche[1] se arreglan, aunque después se cambien.

(Titular en odontología-online.com)

(información ya compartida / información nueva)

4. El editor Jorge Herralde recibió de manos del director de la revista "Qué leer" el premio a la mejor novela extranjera, que recayó en *El dios de las pequeñas cosas* de la escritora india Arundhati Roy que, aunque tenía previsto viajar a España para recogerlo, canceló a última hora este compromiso.

(Extracto de "Sin jurado y sin dote" de *El Norte de Castilla.*)

(información ya compartida / información nueva)

E Fíjate en este anuncio y contesta las preguntas:

1. ¿Sabe el jefe que no pidió factura? _____.

2. La oración introducida por "aunque", ¿tiene información compartida o es información nueva para el jefe?

   _____.

3. ¿A qué tiempo cronológico se refiere: pasado, presente o futuro? _____.

4. ¿En qué tiempo verbal está el verbo de esta oración?

   _____.

LAS FACTURAS QUE USTED NO PIDE
LAS PAGAMOS TODOS

No se lo tome a broma... la factura es la garantía de que quien le ha realizado el servicio es un profesional serio, competente y legal. Alguien que en caso de tener algún problema le responderá responsablemente. Una persona que le cobrará lo justo, ni más ni menos. Por todo esto y por su seguridad, la factura es la garantía de un trabajo bien hecho.

EXIJA SUS FACTURAS. ES UN CONSEJO DE LA AGENCIA TRIBUTARIA

Agencia Tributaria
MINISTERIO DE ECONOMÍA Y HACIENDA

---

[1] *Dientes de leche*: los que forman la primera dentición y se mudan en la infancia.

F Relaciona las formas verbales marcadas en estos diálogos con el tiempo al que se refieren. Únelas con flechas en el cuadro de abajo:

► Mira, Jorge, es mejor que hoy no vayas a trabajar. Tienes muchísima fiebre.

▷ Es que he quedado con un cliente.

► Aunque **hayas quedado** con un cliente, deberías quedarte en la cama… ¡Hombre, sí! Yo ya sé que eres muy formal, pero la salud es lo primero. Llámale por teléfono y verás que no se molesta si quedas con él para otro día… O que lo reciba otro en la oficina… No lo vas a hacer tú todo.

► Marina, ¿no le has dicho a Julio que le llevarías los apuntes hoy a las siete? Pues ya son las siete.

▷ Sí, ya lo sé, pero es que mira: ¡está lloviendo una barbaridad! Me voy a empapar aunque me **lleve** el paraguas, la gabardina, las botas de agua…

► Ya… Pero aunque **esté** cayendo lo que está cayendo, tienes que ir a llevárselos porque se lo has prometido y te estará esperando. Así que, anda, tápate bien y llévaselos.

► Isabel de Baviera era la mujer de Francisco José de Austria, ¿no?

▷ Sí… ¡Pobre mujer! ¡Que vida tan triste llevó!

► ¿Seguro? Mira que lo tenía todo… dinero, amor, viajes, fiestas…

▷ Aunque **tuviera** todo eso que dices, yo creo que fue una mujer desgraciada. Sobre todo, porque creía que el mundo que la rodeaba eran restos de un pasado que no podría durar ya mucho…

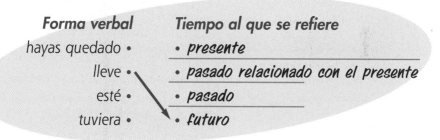

Forma verbal	Tiempo al que se refiere
hayas quedado •	• *presente*
lleve •	• *pasado relacionado con el presente*
esté •	• *pasado*
tuviera •	• *futuro*

G Relaciona el nombre del tiempo verbal con su referencia cronológica en estas oraciones:

Forma verbal	Tiempo al que se refiere
Pretérito Perfecto de Subjuntivo •	• *presente*
Presente de Subjuntivo •	• *pasado relacionado con el presente*
Pretérito Imperfecto de Subjuntivo •	• *pasado*
	• *futuro*

H Completa las oraciones que faltan con la información de los paréntesis:

(Entrevista a Luis Cuerda, director y guionista de cine, antes del rodaje de una película)
► El guión de la nueva película, ¿seguirá la línea cómica de las anteriores?
▷ No, esta vez se trata de un drama con un guión clásico que he escrito cinco veces. Es una adaptación de la novela de Pedro García Montalvo. Cuenta la historia de una pasión amorosa en el Madrid de los años 40.
► ¿Sigue notando la inseguridad típica del estreno de una ópera prima?
▷ Esa inseguridad continúa después del estreno aunque *(da información compartida de que la película ha sido un éxito)* _____.

(Extracto de entrevista a Luis Cuerda en *Cambio 16*.)

Los nervios estaban presentes en los jugadores del Artajonés, que para el minuto siete habían recibido un gol en contra. A esto se unía el mal estado del terreno de juego por la incesante lluvia caída ayer y una discutida actuación arbitral.
La entrada de Irisarri en la segunda parte aportó la experiencia necesaria para que el conjunto local buscara el empate. Así, poco a poco, el Artajonés dominó la situación y, aunque *(da información compartida de que el gol fue de penalti)* _____, el gol de Iván era el justo premio para el equipo local.

(Extracto adaptado de "Enésimo revés del Artajonés" del *Diario de Navarra*.)

Descubrimos, a través de las personas del barrio de Lavapiés, un espíritu que hemos perdido y no van a devolvernos, aunque *(da información compartida de que nos pertenece)* _____, aunque *(da información compartida de que ha sido nuestro)* _____, aunque *(da información compartida de que todavía se encuentra en algunos lugares de Madrid)* _____, aunque tú no lo sepas.

(Extracto adaptado de "Lavapiés[2], un barrio entre el pasado cercano y el olvido", *El Mundo*.)

18.3. Aunque hubiera serpientes pitón.

A Fíjate en las oraciones que introduce "aunque" en este otro diálogo:

Juanca: Me ha dicho Luis que te vas a vivir a Bariloche. Debes de estar loco… ¡Pero si allí no hay nadie!

Álvaro: ¿Qué dices? ¿Pero en qué mundo vives, Juanca?… ¡Si esa región está llena de descendientes de suizos y alemanes!

---

[2] *Lavapiés:* barrio céntrico de Madrid que conserva en parte el aspecto, las costumbres, la manera de vivir que había en esta ciudad en tiempos pasados.

Juanca: ¿De verdad?… ¡Ah, claro!… Fueron allí en el XIX y crearon mucha industria maderera, ¿no?… Pues si hay madera, hay árboles… y si hay árboles, hay serpientes y mosquitos…

Álvaro: Serpientes habrá, como en todas partes del mundo, pero serán inofensivas… Y mosquitos, no sé… quizá en verano. Yo, en Suiza, nunca los he encontrado y Bariloche tiene un clima muy parecido, ¿sabes?

Juanca: Oye, y allí… no habrá ni autobuses… ¡Ni papel higiénico debe de haber!

Álvaro: ¡Qué cosas dices!… ¿Cómo no va a haber autobuses ni papel higiénico en una zona de turismo… en una zona donde la gente que se lo puede permitir en Europa va a esquiar en el mes de agosto?… Parece como si no quisieras que me fuera… Pero no te canses porque ya lo tengo todo listo y me voy… aunque haya serpientes y aunque haya mosquitos, me voy… y aunque fuera una región salvaje y estuviera llena de serpientes pitón, también me iría. Así que, te lo repito, no te canses…

1. ¿Le parecen dudosas, o incluso increíbles, a Álvaro las objeciones que pone Juanca a que se vaya a vivir a Bariloche? _____.

2. Las oraciones introducidas por "aunque", ¿expresan esas dudas o falta de credibilidad? _____.

3. ¿Le parecen válidas a Álvaro las objeciones de Juanca? _____.

4. ¿Qué tiempo verbal usa Álvaro en las oraciones introducidas por "aunque" para expresar que la objeción es muy dudosa o increíble? _____.

5. ¿Qué tiempo verbal usa Álvaro en las oraciones introducidas por "aunque" para expresar que la objeción es dudosa? _____.

B Completa este cuadro seleccionando la opción correcta:

Aquí, "aunque" introduce una oración que (aporta información nueva / duda en mayor o menor grado de una información) y la presenta como no importante para que ocurra algo. Su verbo está en (Presente de Subjuntivo / Pretérito Imperfecto de Subjuntivo) cuando la presenta como increíble y está en (Presente de Subjuntivo / Pretérito Imperfecto de Subjuntivo) cuando dice que es posible.

C **Completa las oraciones de 1, 2, 3 con la información de a, b, c:**

a. Hay mucha gente que quiere entrar en un estadio de fútbol. Una de las personas nota que le sacan la cartera del bolsillo del pantalón, se vuelve y se da cuenta de quién es el ladrón. Le pide la cartera y éste dice que no la tiene. A la persona robada le parece dudoso que no la tenga porque ha reconocido la mano que se llevaba su cartera y el hecho de que el ladrón no la tenga en ese momento no le parece importante. Al mismo tiempo, ve que un hombre que estaba con el ladrón intenta salir del grupo.

b. El día de los Santos Inocentes[3] un joven, amante de la fotografía, recibe una llamada telefónica en la que le invitan a participar en una excursión fotográfica. Él no cree en absoluto que sea cierto lo que le están diciendo (porque ha reconocido la voz de la novia de un amigo) y, de cualquier forma, no tiene tiempo para participar en ella.

c. Unos amigos alquilan caballos para dar una vuelta por el campo. No es la primera vez que lo hacen en ese lugar y a uno de ellos le parece reconocer un caballo que una vez estuvo a punto de tirarlo a él y que ahora va a montar su amigo. Le previene, pero éste duda mucho que sea el mismo caballo porque lo conoce bien y sabe que lo puede dominar, por lo que no le parece importante lo que le dice su amigo.

1
► Usted… Usted acaba de quitarme la cartera. ¡Haga el favor de devolvérmela!… ¡Vamos, démela enseguida!
▷ ¿Yo…? ¿Pero está usted loco…? Mire… me puede registrar. Yo no tengo su cartera.
► _____, usted me la ha sacado del bolsillo. Le he visto cómo me la sacaba… Y si no la tiene, es que se la ha dado a ése que estaba con usted y que está intentando escapar… ¡Detengan a ese hombre, por favor… al de la bufanda azul!

2
► Mire, le llamo del ayuntamiento de El Escorial para decirle que ha sido usted seleccionado para participar en una excursión fotográfica aquí, en El Escorial. Esta excursión fotográfica tiene por finalidad hacer fotos representativas del carácter del pueblo, que entrarían en concurso para seleccionar una y enviarla a una exposición de fotos de pueblos únicos en Europa que se celebrará el próximo mes de marzo en Estrasburgo. ¿Está usted dispuesto a participar en esta excursión? Tenga en cuenta que el ganador se llevará además un premio en metálico.
▷ Pues mira, Isabel. _____, no tendría tiempo para participar en esa excursión de la que hablas. Anda dile a tu novio que se ponga, ¿o es que pensabais que no me había dado ya cuenta de que hoy es el día de los Inocentes?

3
► Oye, Rafa, yo que tú no montaría ese caballo. Creo que es el que el otro día estuvo a punto de tirarme.
▷ No, no. Te equivocas, conozco bien este caballo y no creo que sea el mismo. Y _____, sé que lo puedo dominar.

Nota: *si necesitas saber más sobre estas oraciones consulta la unidad 15 del nivel 2.*

---

[3] El día de los Santos Inocentes se gastan bromas. Es el 28 de diciembre y equivale al 1 de abril en muchos países.

19 Te lo digo para que lo sepas. / Detuvo el vehículo con el fin de que la policía lo inspeccionara.

(El uso del subjuntivo para expresar la finalidad en el presente y el pasado)

19.1. Te lo digo para que lo sepas.

A Aquí tienes unas frases que han dicho unos personajes. Piensa quién ha podido decir cada una de ellas y escríbelas en el lugar correspondiente:

QUIERO APRENDER ESPAÑOL

1. para leer el *Quijote*.
2. para conocer España.
3. para que me voten los hispanos.
4. para que me entiendan mis fieles de España, México, Nicaragua, Cuba, etc.

(a)..

(b)..

(c) ....

(d)..

B Ahora piensa por qué utilizan unas veces el Infinitivo y otras el Presente de Subjuntivo:

1. ¿Quién quería aprender español en n.º 1? _____ [es el sujeto de esta oración]
¿Quién quería leer el Quijote?   _____ [es el sujeto de esta oración]

2. ¿Quién quería aprender español en n.º 2? _____ [es el sujeto de esta oración]
¿Quién quería conocer España?   _____ [es el sujeto de esta oración]

3. ¿Quién quería aprender español en n.º 3? _____ [es el sujeto de esta oración]
¿Quiénes tienen que votar?   _____ [es el sujeto de esta oración]

4. ¿Quién quería aprender español en n.º 4? _____ [es el sujeto de esta oración]
¿Quiénes van a entender su mensaje?   _____ [es el sujeto de esta oración]

C Fíjate en cómo han expresado la finalidad para la que quieren aprender español y escribe en cada caja los verbos que están en Infinitivo y en Presente de Subjuntivo.

VERBOS EN INFINITIVO	VERBOS EN PRESENTE DE SUBJUNTIVO

D Ahora piensa por qué utilizan unas veces el Infinitivo y otras el Presente de Subjuntivo, y completa la siguiente regla con las palabras diferente, Infinitivo, Subjuntivo:

Cuando el sujeto de las dos oraciones es el mismo ponemos el verbo en _____.
Cuando el sujeto de las dos oraciones es _____ ponemos el verbo en _____.

E Decide cuál de los dos verbos que te damos es el correcto:

¿PARA QUE SIRVE UNA RAMA DE ÁRBOL?

1. Para SUJETAR / que SUJETE un columpio.

2. Para que los pájaros HAGAN / HACER sus nidos en ella.

3. Para que Miguelito SE ESCONDA / ESCONDERSE de su hermana.

4. Para que Ana ATE / ATAR la cuerda para tender la ropa.

5. Para HACER / que HAGA un buen fuego.

6. Para que el carpintero CONSTRUYA / CONSTRUIR una silla.

F Además de *para*, existen otros nexos que sirven para expresar finalidad. Lee este texto y escribe a continuación las oraciones que expresan finalidad.

Construyendo
la ciudad en igualdad

El Ayuntamiento de Madrid ha creado la Concejalía de Promoción de la Igualdad y Empleo con el fin de establecer un entorno social más igualitario. Uno de los ejes fundamentales de esta Concejalía es el Plan Local de Empleo, que se hace con objeto de fomentar el empleo y la creación de nuevas empresas mediante la orientación y la formación ocupacional. En cumplimiento del artículo 9.2 de nuestra Constitución, la Concejalía de promoción de la Igualdad y Empleo, con la estrecha colaboración de las mujeres y hombres de esta ciudad, promoverá las condiciones necesarias a fin de que la libertad y la igualdad de los individuos sean reales y efectivas.

(Texto adaptado del folleto informativo "Construyendo la ciudad en igualdad" de la Comunidad de Madrid.)

Oraciones que expresan finalidad:

1. _____

2. _____

3. _____

¿Qué nexos se han utilizado?

1. _____   2. _____   3. _____

19.2. Detuvo el vehículo con el fin de que la policía lo inspeccionara.

A Lee esta noticia y contesta Verdadero o Falso:

Ayer la policía detuvo a uno de los traficantes de drogas más buscados de los últimos tiempos. Emiliano Rebollo, que llevaba tres años en paradero desconocido tras escaparse de la prisión de Mondragón, conducía a más de 150 km por hora por la Nacional V y tuvo la mala suerte de pasar delante de una patrulla de la policía que, al comprobar la velocidad del coche, decidió seguirlo. Según fuentes policiales, en numerosas ocasiones le hicieron señales **para que se parara** pero el conductor no hizo caso y continuó su marcha a mayor velocidad. Tras quince minutos de persecución, Emiliano Rebollo intentó tomar un desvío **con el fin de escapar de la policía**, pero a veinte metros escasos perdió el control del coche y se salió de la carretera dando varias vueltas de campana. El vehículo quedó en tal estado que hubo que llamar a los bomberos **para que liberaran** al conductor del coche, que había quedado atrapado. Finalmente fue llevado al Hospital General Nuestra Señora de la Luz, donde se recupera de las graves lesiones sufridas en el accidente. La policía ha preparado todo un dispositivo de vigilancia **con objeto de evitar cualquier intento de fuga.**

	V	F
a. La noticia se refiere a un hecho del presente.	☐	☐
b. Las oraciones que expresan finalidad llevan el verbo en Infinitivo o Subjuntivo.	☐	☐
c. La regla para utilizar Infinitivo o Subjuntivo es la misma que en el presente.	☐	☐
d. El tiempo del Subjuntivo que se utiliza es el Pretérito Imperfecto.	☐	☐

B Teniendo todo eso en cuenta, completa esta regla:

Cuando expresamos la finalidad en el pasado seguimos la misma regla que en el presente para utilizar Infinitivo o Subjuntivo. Si es necesaria la utilización del Subjuntivo, el verbo debe estar en _____, no en Presente.

C Completa este texto con los siguientes verbos:

PROTEGER • DAÑAR • TENER • IDENTIFICARSE • PESAR • MOLESTAR

¡EL TORNEO VA A EMPEZAR!

Dos caballeros están a punto de iniciar un torneo. Ganará quien primero derribe al contrincante con su lanza[1]. Como se trata de un enfrentamiento amistoso, las armas están despuntadas, para así no (a) _____ al rival. En estas justas caballerescas algunas armaduras eran de cuero, que previamente se moldeaba en agua caliente. La parte que cubría el torso ("peto")[2] y la espalda ("espaldar")[3] estaba agujereada, para que (b) _____ menos y, de este modo, el caballero (c) _____ mayor libertad de movimientos.

(Blanco y Negro Guay.)

TRAJES DE MUCHO (¡MUCHÍSIMO!) PESO

En las ilustraciones puedes ver cómo se vestía un caballero en el siglo XV. Bajo la armadura llevaba mallas para (**d**) _____ los hombros, el costado, la cara interna del brazo y parte de los muslos, además de rodilleras acolchadas[4]. Para que no (**e**) _____ el yelmo[5], se cubría la cabeza con una cofia de lana[6] y, sobre ella, un gorro mullido, la armadura se sujetaba al cuerpo con correas de cuero[7] y estaba reforzada en las zonas más susceptibles de recibir un golpe de lanza, sobre todo en los hombros, brazos y rodillas. Con el casco cerrado, resultaba difícil reconocer a su portador. Así que, para (**f**) _____, los caballeros llevaban distintivos tanto sobre la pieza de tela que cubría la armadura como en el casco. Así, precisamente, se originó la heráldica.

(Blanco y Negro Guay.)

Nota: *si necesitas saber más sobre estas oraciones consulta la unidad 18 del Nivel 2.*

Respuestas

Unidad 1

A. 1-c; 2-a; 3-b; 4-a; 5-c; 6-b; 7-b; 8-c.

B. 4.

C. No / Sí / No.

D. 2. Ojalá pudiera (pudiese) hablar con este gorila / imposible / presente.

    3. Ojalá apruebe el examen / probable / futuro.

    4. Ojalá tuviera (tuviese) algún día un local donde actuar / poco probable / futuro.

    5. Ojalá esta curva fuera (fuese) más ancha / imposible / presente.

Unidad 2

A. 1. V; 2. F; 3. V; 4. F.

B. a. que descanses; b. que te mejores; c. que te diviertas.

C. deseo; Presente.

D. 1-b; 2-c; 3-a; 4-a-c; 5-a; 6-a-c; 7-a.

E. a-2; b-3; c-1.

F. 1. F; 2. V; 3. F.

G. 1. Que llegues a tiempo; 2. Que termines pronto; 3. Que encuentres pronto la avería.

Unidad 3

3.1.

A. a. tener más tiempo; b. pescar; c. tener más dinero; d. que los ríos estén; e. que la sociedad sea; f. que su ama tenga más tiempo; g. tiempo; h. un planeta; i. dinero.

B. b. yo - yo; c. yo - yo; e. yo - la sociedad; f. yo - mi ama.

C. infinitivo / subjuntivo.

D. a. ir al mercado; b. que Calvin la acompañe; c. llevar a Hobbes; d. que lo deje en casa; e. Hobbes vaya con ellos; f. que su hijo grite.

E. a - 3; b - 2; c - 5; d - 1; e - 4.

F. información.

G. 1-Anselmo; 2-La madre; 3-Carmen; 4-Anselmo; 5-El padre; 6-Andrés.

H. a. V; b. 1-b; 2-a; 3-c.

I. a. Sí; b. ofrecemos.

J. a. traiga; b. pase; c. hagamos; d. pongamos; e. conduzca.

K. a. ¿Quieres que vaya contigo?; b. ¿Quieres que te espere en la acera de enfrente de tu casa?

3.2.

A. trajerais (pasado); deje (presente); tengas (presente); puedan (futuro); cortaran (pasado).

B. Presente de Subjuntivo - presente, futuro / Pretérito Imperfecto de Subjuntivo - pasado.

C. 1. mirara, mirase; 2. llevaran, llevasen; 3. tuvieran, tuviesen; 4. terminara, terminase; 5. ganara, ganase - descubriera, descubriese; 6. tuviéramos, tuviésemos; 7. pasara, pasase; 8. subieran, subiesen; 9. encontraran, encontrasen.

D. a. cancelara; b. pasaran; c. continúe; d. envíen.

4.1.   A. 1b. a mí - gusta - mis amigos - vengan; 2a. a mí - gusta - yo - viajar; 3a. a mí - encanta - yo - vivir; 3b. yo - detesto - los madrileños - aparquen; 4a. a mí - gusta - yo - trabajar; 4b. a mí - encanta - mis clientes - queden.

B. Infinitivo / Subjuntivo.

C. **a.** que ande; **b.** que pase; **c.** que se quede; **d.** estar; **e.** tengan; **f.** quedarse; **g.** escuchar.

D.

gustar ++ muchísimo	+ gustar	+ - dar igual	- no gustar	- - no gustar nada
me encanta me gusta muchísi- mo me emociona		no me importa me da igual	me molesta	me da asco odio detesto no me gusta nada

E. (b); (d); (a); (c).

4.2.   A. **(a)** escuchen; **(b)** hablen; **(c)** vayan; **(d)** den; **(e)** sean; **(f)** pidan; **(g)** se enfaden.

B. Presente de Subjuntivo / presente.

C. haya - presente; haya venido - pasado reciente; diga - presente; llevara - pasado; tuvieran - pasa-do; estés - futuro.

D. Presente de Subjuntivo - presente, futuro; Pretérito Perfecto de Subjuntivo - pasado reciente; Pretérito Imperfecto de Subjuntivo - pasado.

E. **(a)** haya sido; **(b)** pudieran; **(c)** fume - fumáramos.

D. **(a)** sentara, sentase; **(b)** eligiera, eligiese; **(c)** hubiera, hubiese; **(d)** predominaran, predominasen; **(e)** fuera, fuese; **(f)** note; **(g)** sea.

A. **b.** 1. No; 2. No; **c.** No.

B. quisiera, gustaría, encantaría y complacería.

C. Verdadero.

D. **a.** 1. a Felipe Serrano; 2. la Virgen; 3. No; 4. Subjuntivo.

b. 1. a Iván López; 2. Iván López; 3. Sí; 4. Infinitivo.

c. 1. a José Zamorano; 2. José Zamorano; 3. Sí; 4. Infinitivo.

d. 1. a Mercedes Díaz; 2. Los investigadores de la artrosis; 3. No; 4. Subjuntivo.

E. es la misma / son diferentes.

F. **a.** que existiera; **b.** que fuera; **c.** escuchar; **d.** que fuera; **e.** escuchar.

G. Imperfecto de Subjuntivo.

H. **a.** tuvieran, tuviesen; **b.** hubiera, hubiese; **c.** fueran, fuesen; **d.** hablara, hablase; **e.** fueran, fue-sen; **f.** enseñara, enseñase; **g.** fueran, fuesen; **h.** cambiara, cambiase; **i.** hicieran, hiciesen; **j.** hubiera, hubiese.

Unidad 6

A. 1. Sí ; 2. No; 3. Sí; 4. Subjuntivo; 5. Que.

B. Que / subjuntivo.

C. 1. Me alegro de que hayas traído a tu primo a la fiesta; 2. ¡Hombre, qué bien!; 3. Es una lástima que José no termine sus estudios; 4. Lo siento, chico, de veras.

D. **a.** 1-c; 2-b; 3-e; 4-d; 5-a.

   b. 1-e; 2-d; 3-c; 5-a.

   c. dirijan - Presente de Subjuntivo; hiciera - Pretérito Imperfecto de Subjuntivo; hayan dejado - Pretérito Perfecto de Subjuntivo; continuara - Pretérito Imperfecto de Subjuntivo; ofrezcan- Presente de Subjuntivo.

E. **a.** 1. F; **2.** V; **3.** V; **4.** V.

   b. Infinitivo.

F. 1. encontrarse - que me coja; 2. que venga alguien - estar; 3. dejéis; 4. que mi niña salga - acepte.

Unidad 7

7.1.

A. **a.** 2; **b.** 3; **c.** 1.

B. Imperativo / Subjuntivo.

C. (**a**) bajes; (**b**) llenes; (**c**) firmes; (**d**) quieras.

E. rogar; solicitar; suplicar; sugerir; consentir; obligar a.

F. (**a**) lleve; (**b**) permita; (**c**) sea.

7.2.

A. **a.** 1. muchos académicos; 2. los académicos; 3. sí.

   b. 1. muchos académicos; 2. el voto; 3. no.

B. Infinitivo.

C. **a.** tener; **b.** que les autorice; **c.** pagar; **d.** ampliar; **e.** que reparta.

D. **a.** 1. una ley de la Comunidad de Madrid; **b.** sus dueños; **c.** no; **d.** no.

   2. tú.

E. Infinitivo / distinto.

F. Pedimos a las personas que tienen animales de compañía que se interesen por la ley; ¡Soldado, le ordeno venir inmediatamente!; pedir.

G. **a.** sí; **b.** no.

7.3.

A. **a.** 2; **b.** 2.

B. exige; pasado; Subjuntivo.

C. levantara; contradijéramos; comprara; dejara; aumentara; estuviéramos; pensar; compren; tuviéramos; escondernos.

7.4.

A. Condicional; Imperfecto de Subjuntivo.

B. Ordenaría [(no) permitiría, prohibiría] al Ministro de Hacienda que subiera los impuestos; No permitiría [prohibiría, ordenaría] a las petroleras que bajaran el precio de la gasolina; Ordenaría (prohibiría) al Parlamento que eliminara la pena de muerte; Ordenaría [(no) permitiría, prohibiría] que fuese obligatoria la enseñanza.

C. (**a**) vinieras, vinieses; (**b**) estés; (**c**) amenaces; (**d**) completara, completase; (**e**) explicaran, explicasen.

8.1. A. 1. Subjuntivo; 2. Le aconsejo - que se haga una revisión todos los años... que cuide su dieta y haga algo de ejercicio - Subjuntivo.

B. Subjuntivo.

C. 1. cojas un taxi; 2. no comas dulces ni grasas; 3. Has perdido mucho peso, te recomiendo/ te aconsejo que vayas al médico; 4. Si vas a viajar a un país centroafricano, te aconsejo/ te recomiendo que te vacunes; 5. Si vas a escalar el Everest, te recomiendo/ te aconsejo que contrates un guía local; 6. Vas a hacer un viaje largo, te aconsejo/ te recomiendo que hagas una revisión general del coche.

D. Sugerir.

E. 1. aconsejable / Es recomendable.

2. b.

F. (a) acuestes; (b) alargues; (c) lidere; (d) lleven; (e) dejes; (f) tome; (g) adopte.

G. proponer; es mejor; aconsejar; lo ideal es; convenir; es recomendable; es conveniente; sugerir; es aconsejable; es bueno; recomendar; lo mejor es; lo fundamental es.

8.2. A. **a.** 3; **b.** Infinitivo.

B. Infinitivo.

C. Sí.

D. (a) volver, que volvamos; (b) cambiar, que cambiemos; (c) comprar, que compremos; (d) hacerlas, que las haga; (e) sean; (f) comprar, que compremos; (g) comprar, que compremos; (h) se mantengan.

8.3. A. b.

B. Condicional / Imperfecto.

C. (a) contaras, contases; (b) sientes; (c) digas; (d) recuperarais, recuperaseis / hablaras, hablases; (f) dijeras, dijeses.

8.4. A. **a.** 2 y 3.

B. Tachar: Presente de Subjuntivo, Futuro, petición y orden.

C. 1. ¿Y si fuéramos/ fuésemos a bailar el próximo sábado?; 2. ¿Y si nos apuntáramos/ apuntásemos a un gimnasio?; 3. ¿Y si os fuerais/ fueseis de vacaciones a algún lugar tranquilo?; 4. ¿Y si buscaras/ buscases un profesor particular?

8.5. B. pasado / Imperfecto.

C. (a) crearan, creasen; (b) fichar, que fichen; (c) contar, que contaran, que contasen, que contáramos, que contásemos; (d) tener; (e) formaran, formasen; (f) mantener, que mantengan; (g) funcionar, que funcionen.

9.1. A. 2. yo (el chico) - tú (el padre) - subjuntivo; 3. vosotros (los padres) - yo (el chico)/ subjuntivo; 4. tú (la madre) / tú (la madre) / Infinitivo.

B. el mismo; Infinitivo; diferente; Subjuntivo.

C. (a) envíes; (b) haga; (c) llames; (d) expliques; (e) reces; (f) contratar; (g) ganar; (h) tener.

9.2.   A. a, d, e, f.
       B. Infinitivo / Subjuntivo.
       C. 1. Llevar; 2. Es obligatorio descalzarse; 3. Es obligatorio ducharse antes de entrar en la piscina;
          5. Es obligatorio que los menores de 14 años vayan acompañados de una persona adulta.
       D. (a) lleven; (b) promuevan; (c) se asocien; (d) realizar; (e) tener.

9.3.   A. a-2; b-2: c-1; d-2
       B. 1. Necesitaríamos que nos echarais (echaseis) una mano; 2. Necesitaría que me prestaras (pres-
          tases) dinero; 3. Necesitaría que me dieras (dieses) un poco de sal; 4. Necesitaríamos que nos
          prestaras (prestases) la gramática.
       C. (a) No era necesario separar; (b) es necesario separar; (c) no necesitabas tener; (d) necesitába-
          mos que papá nos diera (diese); (e) hubiera, hubiese; (f) era imprescindible que saliéramos
          (saliésemos); (g) necesitaban hacer.

Unidad 10

       A. 1-d; 2-a; 3-e; 4-c; 5-b.
       B. *b.* Perdona - que te haya gritado - pasado - Pretérito Perfecto de Subjuntivo.
          c. Perdone - que le moleste - presente - Presente de Subjuntivo.
          d. Perdonad - que llegue tarde - presente - Presente de Subjuntivo.
          e. Perdona - que no te llamase ayer - pasado - Pretérito Imperfecto de Subjuntivo.
          a. 3; **b.** 2; **c.** 1.
       C. Subjuntivo; Pretérito Perfecto; Presente; Imperfecto.
       D. (a) haya entrado; (b) vuelva; (c) interrumpa; (d) felicitara, felicitase.
       E. 2. Perdona que me haya enfadado, es que he tenido un problema en el trabajo y estoy nerviosa.
          3. Perdone que me marchara ayer antes de la clase, es que tenía una cita con el médico.
          4. Perdone que no haya ido hoy, es que me había confundido de día.

Unidad 11

11.1.   A. Marido.
       B. **a.** 1; **b.** 2; **c.** 2; **d.** 1; **e.** 2; **f.** 1.
       C. Sí.
       D. Indicativo / Subjuntivo / que.
       E. (a) que le pases el programa; (b) que se acercan nubes tormentosas que pueden producir lluvias
          (que puede llover); (c) que te ha mandado varios mensajes y no le has contestado (que contes-
          tes a sus mensajes); (d) que tomar más de cinco fármacos diferentes al día no es bueno para la
          salud.

11.2.   A. **a.** V; **b.** V; **c.** F; **d.** V.
       B. Presente de Subjuntivo / Imperfecto de Subjuntivo.
       C. (a) ¿Ha pasado algo de ayer a hoy?; (b) Me he duchado, me he dormido; (c) Se está portando
          muy bien conmigo esta mujer rubia; (d) Dile a tu padre que se ponga; (e) Mi padre se ha ido
          y me ha dejado con esta mujer; (f) Cuéntame otra vez eso del paquete que le ha dado tu padre
          a esta mujer; (g) Ay, se me va a cortar el teléfono.

12.1. A. 1. V; 2. V; 3. V; 4. V.

B. Presentan información: a, b, c, d, f; Valoran información: e, g, h.

C. A: está al lado del Ayuntamiento; Carmen y Miguel son vegetarianos; no hay ningún plato limpio; esta semana te toca a ti fregarlos; a nadie le gusta fregar platos.

B: siempre te olvides de hacer tus cosas; no esté aquí ya Alicia; no haya llegado todavía.

D. 1. Sí; 2. Sí; 3. Indicativo; 4. Subjuntivo; 5. Sí.

E. Indicativo / Subjuntivo.

F. **a.** pueda; **b.** muerda; **c.** tienen; **d.** quedará; **e.** puedan; **f.** ha divertido - gustaría.

G. **(a)** parece normal; **(b)** tened en cuenta; **(c)** parece; **(d)** lo natural es que; **(e)** habéis visto; **(f)** me parece extrañísimo.

12.2. A. **a.** 1; **b.** 4; **c.** 5; **d.** 2; **e.** 3.

B. metan: Presente de Subjuntivo; diga: Presente de Subjuntivo; alcanzara: Pretérito Imperfecto de Subjuntivo; haya pronunciado: Pretérito Perfecto de Subjuntivo; tuviese: Pretérito Imperfecto de Subjuntivo.

C. **a.** las dos opciones son posibles; **b.** muera; **c.** hubiera; **d.** haya entrado.

D. **a.** que Carlos ha tenido un accidente; **b.** que Carlos haya tenido un accidente; **c.** que Carlos haya tenido un accidente; **d.** que Carlos ha tenido un accidente.

E. **(a)** vi que mi maleta no estaba allí; **(b)** seguro que llegaría en el próximo vuelo que venga de Londres; **(c)** ¡Me parece increíble que todo esto me esté ocurriendo a mí!; **(d)** lo normal es que tu maleta ya haya llegado a estas horas; **(e)** Recuerda que el seguro de viaje cubre los gastos de la llegada; **(f)** sería lógico que la compañía aérea se hiciera cargo de ellos; **(g)** es natural que anoche estuvieras nerviosa.

13.1. A. **a.** sí; **b.** no; **c.** sí; **d.** sí.

B. hoy en día le quede tiempo a la gente para dormir la siesta; pueda dormir al sol; no hay una sola calle en España sin coches aparcados...; no está mal; el dibujante sea español; sea español.

C. Columna A: esto no es posible; no hay una sola calle en España...; no está mal.

Columna B: haya pueblos así en España; hoy en día le quede tiempo a la gente...; pueda dormir al sol; el dibujante sea español; sea español.

D. **a.** V; **b.** F; **c.** V; **d.** V.

E. **a.** F; **b.** V; **c.** V; **d.** V; **e.** V.

F. **a.** podamos; **b.** pueden; **c.** logre; **d.** es; **e.** puede.

G. **a.** 1-b; 2-a; 3-c; 4-d; 5-e.

b. tengan: presente; lleguen: futuro; sea: presente; tuvieran: pasado.

c. tenga y lleguen: Presente de Subjuntivo; haya paseado: Pretérito Perfecto de Subjuntivo; fuera y tuvieran: Pretérito Imperfecto de Subjuntivo.

H. 1. que te presentaras; 2. que hayan salido.

I. **a.** 1. Sí; 2. En Indicativo; 3. Sí.

b. 1. V; 2. V; 3. F.

c. 1. No creas que es pequeño; 2. ¿No ves que yo ya estoy viejo para estas cosas?; 3. No pienses que no podemos comer.

14.1. A. **a.** 2. quizá - futuro - subjuntivo - Presente.
3. tal vez - futuro - subjuntivo - Presente.
4. a lo mejor - futuro - indicativo - Presente.
5. tal vez - pasado - indicativo - Pretérito.
6. Seguro que - pasado - indicativo - Pretérito.
7. quizá - presente - subjuntivo - Presente.
8. tal vez - pasado - subjuntivo - Pretérito.
9. a lo mejor - pasado - indicativo - Pretérito.
10. quizá - pasado - subjuntivo - Pretérito.
11. Seguro que - presente - indicativo - Presente.
12. Quizá - pasado - subjuntivo - Pretérito.
13. Tal vez - pasado - subjuntivo - Pretérito.
    b. seguro que.
B. **a.** quizá; **b.** indicativo; **c.** tal vez - subjuntivo - subjuntivo.
C. Presente / Pretérito Perfecto / Imperfecto.
D. 1. Quizá (tal vez) esté en un atasco. - Tal vez (quizá) se haya quedado dormida. - Quizá (tal vez) se le haya olvidado la cita; 2. Quizá (tal vez) esté enfadado. - Quizá (tal vez) haya perdido mi teléfono. - Tal vez (quizá) se haya marchado de la ciudad; 3. Tal vez (quizá) no tuviera / tuviese dinero para comer. - Quizá (tal vez) esté loca; 4. Tal vez (quizá) quiera contratarme - Quizá (tal vez) me vaya a expulsar; 5. Quizá (tal vez) se fueran (fuesen) al cine - Tal vez (quizá) estuvieran (estuviesen) en casa de sus hijos.

14.2. A. seguramente, puede que, probablemente, es posible que, posiblemente, es probable que.
B. **a.** 2. puede que - futuro - subjuntivo - Presente.
3.1. probablemente - pasado - indicativo - Pretérito.
3.2. puede ser que - pasado - subjuntivo - Pretérito.
4.1. seguramente - presente - indicativo - Futuro Imperfecto.
4.2. posiblemente - futuro - subjuntivo - Presente.
5. era probable que - pasado - subjuntivo - Pretérito.
6.1. es posible que - pasado - subjuntivo - Pretérito.
6.2. es posible que - pasado - subjuntivo - Pretérito.
7. probablemente - presente - subjuntivo - Presente.
    b. seguramente.
C. posiblemente / posible / indicativo / puede / subjuntivo.
D. (**a**) pierdo; (**b**) esté, está; (**c**) siente, sienta; (**d**) quiera; (**e**) hayan dado; (**f**) haya girado; (**g**) haya visto, ha visto; (**h**) hiciera; (**i**) puso; (**j**) estuviese; (**k**) ha perdonado, haya perdonado; (**l**) es.

15.1. A. **a.** 2 - subjuntivo; **b.** 2 - subjuntivo; **c.** 3 - subjuntivo.
B. 1. a; 2. c.; 3. c.
C. Vicente supone que en esa tienda puede comprar ese anillo. / El dependiente de la joyería sabe que tiene anillos de oro con brillantes auténticos.
D. relativo / indicativo / subjuntivo.

E. (a) esté; (b) tiene; (c) utiliza; (d) hablen; (e) tengan; (f) gusten; (g) sea.

F. 1. c; 2. b; 3. a; 4. d.

G. a. indeterminado; b. determinado; c. determinado; d. indeterminado.

H. a. tenga - fume - lleve - importe; b. pueda - sienta; c. comparten, han compartido.

I. a. no - subjuntivo; b. sí - indicativo; c. subjuntivo; d. sí - indicativo.

J. b.

K. a. Sí - porque se trata de algo concreto, determinado, aunque aún no exista. / b. al que usted desee llamar; c. No - No; d. Sí - No.

15.2.
A. a. 3; b. 2; c. 2; d. 3; e. 2.

B. subjuntivo.

C. 2. No hay (veo, encuentro...) ningún programa que me guste; 3. No hay (encuentro, tienen...) ningún vestido que me siente bien; 4. ¿Es que no hay nadie que hable inglés?

15.3.
A. a. 1 y 4; b. pasado.

B. a. 2; b. futuro.

C. posibilidad / subjuntivo / Presente / Pretérito Perfecto.

D. a. antecedente determinado, sabemos que existe; b. antecedente indeterminado, suponemos que existe.

E. b. Los inmigrantes que hayan llegado a España antes del 1 de noviembre del año pasado; c. los alumnos que se vayan a vivir a otra comunidad autónoma; d. los trabajadores que hayan prestado sus servicios durante 5 años consecutivos.

15.4.
A. a. 2; b. 3.

B. a. 2; b. 1; c. 3.

C. donde / lugar / tiempo / indicativo / subjuntivo.

D. dirigíamos / quería / había jurado / estemos / vivamos / pasemos.

E. a. indeterminado; b. No - No - No; c. 1.

F. subjuntivo.

G. a. cuando (tú) prefieras; b. como / lo que (vosotros) queráis; c. lo que te quede mejor.

H. a - 3; b - 1; c - 2.

15.5.
A. Presente - Pretérito Imperfecto.

B. 1. Busco a un alumno sirio que conozca bien la literatura de su país. Necesito la información para mi trabajo del Doctorado; 2. Necesito localizar a alguien que grabara el último capítulo de la serie *Al filo de lo imposible* que se emitió el día 20 de agosto por el canal 1; 3. Busco a alguien que haya vivido en varios países eslavos para que me ayude a elaborar una encuesta; 4. Necesito encontrar a alguien que fuera testigo (que lo viera desde la ventana, por ejemplo) del atraco que hubo el viernes pasado en el aparcamiento.

C. (a) tuviera, tuviese; (b) era; (c) tenía; (d) supera; (e) permitieran, permitiesen; (f) merecieron; (g) recibimos.

16.1. A. **a.** 1. Sí - No; 2. Sí - No.
  b. 2, 4, 6, 8, 10.
  c. 1. Sí; 2. Sí; 3. Presente de Subjuntivo.
  B. Futuro - Presente de Subjuntivo.
  C. b. Futuro; 2. Presente de Subjuntivo.
  D. Presente de Subjuntivo; Futuro.
  E. **(a)** vaya; **(b)** iré; **(c)** vas; **(d)** vuelva; **(e)** compres; **(f)** compraré; **(g)** cobre; **(h)** cobrarás.
  F. vayas; diga; empiece; salgas.

16.2. A. **a.** 1. Sí, subordinadas temporales; 2. No.
  b. el momento en el que dejará de ocurrir.
  c. también - dejará de ocurrir - Presente de Subjuntivo.
  B. **a.** siempre que, en cuanto, mientras, antes de que, después de que, tan pronto como, desde que.
  b. 1. b; 2. a; 3. a; 4. b; 5. a; 6. a; 7. b; 8. a; 9. a.
  C. **a.** 4; **b.** 3; **c.** 1; **d.** 7; **e.** 5; **f.** 2; **g.** 8; **h.** 6.
  D. 1. en cuanto; 2. antes de que; 3. cuando, hasta que; 4. tan pronto como; 5. siempre que; 6. desde que.
  E. **a.** 1. No; 2. No.
  b. Presente de Subjuntivo.
  c. 1. en cuanto (me) hizo; 2. tan pronto como fue; 3. siempre que trabajaba; 4. desde que le fue requerido.

16.3. A. 1. Sí; 2. No; 3. Pretérito Imperfecto de Subjuntivo; 4. Sí ; 5. Sí.
  B. Pretérito Imperfecto de Subjuntivo / a veces.
  C. 1. se inventara (inventase); 2. de que existiera (existiese); 3. de que se inventaran (inventasen); 4. después de que se usara (usase, usó) el papel; 5. antes de que se inventara (inventase); 6. después de que existieron (existieran, existiesen); 7. Antes de que hubiera (hubiese); 8. antes de que se usara (usase).

16.4. A. **a.** Antes de que este animal me vea - en cuanto pongas el pie sobre tierra firme - cuando lo hayas quemado - después de que lo hayas terminado de pagar - cuando hayas pasado lo que pasé yo.
  b. 1. cuando lo hayas quemado; 2. después de que lo hayas terminado de pagar; 3. cuando hayas pasado lo que pasé yo.
  c. Pretérito Perfecto de Subjuntivo.
  B. 1. Sí ; 2. Sí ; 3. Sí.
  C. Pretérito Perfecto.
  D. **(a)** haya vendido; **(b)** haya comprado; **(c)** haya hecho; **(d)** haya elegido; **(e)** hayamos conseguido.

17.1. A. **a.** Si pensaba que comprar o vender su casa era entrar en un laberinto - pasado - olvídelo - presente; Si no queda satisfecho - futuro - le devolvemos su dinero -futuro; si te casas conmigo - futuro - Te las regalo - presente o futuro.
  b. 1. b; 2. indicativo; 3. Presente; 4. indicativo.

B. **a.** apasionan; **b.** quiere - domicilia; **c.** dices - dices; **d.** ha tenido - has hecho.

C. 2. Si te sientas para descansar o leer, apoya la espalda firmemente sobre el respaldo; 3. Si trasladas objetos pesados inclínate flexionando las piernas; 4. Si conduces durante largos períodos haz pequeñas paradas para estirarte y caminar unos pasos; 5. Si utilizas almohada para dormir evita que sea blanda o muy alta.

17.2. A. **a.** 3; **b.** 2; **c.** 2.

B. Imperfecto.

C. 1. estuviera; 2. pudiera - pudiera - pudiera - pudiera; 3. existieran.

D. 2. Yo que tú iría al médico; 3. Yo, en tu lugar, estudiaría más; 4. Si yo estuviera en tu lugar, me tomaría unas vacaciones.

E. 1 - c; 2 - a; 3 - b.

17.3. A. 1. Al futuro; 2. Poco probable.

B. futuro / Imperfecto.

C. 2. Si hubiera (hubiese) un incendio; 3. Si el asegurado tuviera (tuviese) un accidente; 4. Si el asegurado se quedara (quedase) inválido; 5. Si el asegurado falleciera (falleciese).

D. (**a**) tuviera (tuviese); (**b**) cumpliera (cumple, cumpliese); (**c**) ascendiera (ascendiese, asciendo); (**d**) vuelvo.

17.4. A. **a.** 1. como; 2. Subjuntivo.

   b. a.

B. **a.** 1. Sólo gastas - si llamas; 2. Las tarjetas Movistar Activa tienen un periodo de validez de 9 meses - siempre que haya saldo disponible; 3. Si se agota el saldo - puedes seguir recibiendo llamadas durante tres meses más.

   b. Indicativo - Subjuntivo.

   c. 1.

   d. subjuntivo.

C. 1. tienes; 2. sea - sea; 3. tienes - renueva - has contraído; 4. empieces; 5. recibiera; 6. hayan estado - tienen; 7. quedaran.

D. 1. Si; 3. Indica algo que parece obvio o que es una condición absolutamente necesaria; 4. Expresa una condición que se percibe como poco probable; 5. Añade un matiz de advertencia o amenaza.

Unidad 18

18.1. A. 1. Sí; 2. Sí; 3. Sí ; 4. aunque.

B. 1. Sí; 2. No; 3. aunque no me interesaba mucho el tema, aunque ayer tomé demasiado el sol, aunque me gustan mucho; 4. Indicativo.

C. Indicativo.

D. 1. aunque me duele mucho la cabeza; 2. aunque siempre me mareo; 3. aunque es viejo.

18.2. **A.** 1. Sí; 2. Sí; 3. Sí; 4. Sí; 5. Se refieren a una información que comparten; 6. Presente de Subjuntivo.

B. información compartida con otras personas / Presente de Subjuntivo.

C. (a) aunque me gusten mucho las chicas; (b) aunque sea; (c) aunque vivamos.

D. 1. información nueva; 2. información nueva; 3. información ya compartida; 4. información ya compartida.

E. 1. Sí; 2. Información compartida; 3. Pasado; 4. Pretérito Imperfecto de Subjuntivo.

F. hayas quedado - pasado relacionado con el presente; esté - presente; tuviera - pasado.

G. Pretérito Perfecto de Subjuntivo - pasado relacionado con el presente; Presente de Subjuntivo - presente y futuro; Pretérito Imperfecto de Subjuntivo - pasado.

H. 1. la película haya sido un éxito; 2. fuera (fuese) de penalti; 3. nos pertenezca - haya sido nuestro - todavía se encuentre en algunos lugares de Madrid.

18.3. **A.** 1. Sí; 2. Sí; 3. No; 4. Pretérito Imperfecto de Subjuntivo; 5. Presente de Subjuntivo.

B. duda en mayor o menor grado de una información; Pretérito Imperfecto de Subjuntivo; Presente de Subjuntivo.

C. 1. Aunque no la tenga; 2. Aunque fuera cierto; 3. Aunque lo fuera.

Unidad 19

19.1. **A.** (a) para que me entiendan mis fieles de España, México, Nicaragua, Cuba, etc.; (b) para conocer España; (c) para que me voten los hispanos; (d) para leer el; (e) *Quijote.*

B. 1. el estudiante - el estudiante; 2. el excursionista - el excursionista ; 3. el futuro presidente de Estados Unidos - los hispanos; 4. el Papa - los fieles.

C.

VERBOS EN INFINITIVO	VERBOS EN PRESENTE DE SUBJUNTIVO
• leer • conocer	• voten • entiendan

D. Infinitivo / diferente / subjuntivo.

E. 1. sujetar; 2. hagan; 3. se esconda; 4. ate; 5. hacer; 6. construya.

F. 1. con el fin de establecer un entorno social más igualitario; 2. con objeto de fomentar el empleo; 3. a fin de que la libertad y la igualdad de los individuos sean reales y efectivas.
1. con el fin de; 2. con objeto de; 3. a fin de.

19.2. **A.** a. F; b. V; c. V; d. V.

B. Pretérito Imperfecto.

C. (a) dañar; (b) pesara (pesase); (c) tuviera (tuviese); (d) proteger; (e) molestara (molestase); (f) identificarse.

Glosario de términos gramaticales

CONDICIONAL SIMPLE: Tiempo verbal que expresa lo que el hablante considera posible, pero no real, en el momento del que está hablando. Suele utilizarse para suavizar peticiones, deseos, sugerencias y opiniones. *Ej.: Me gustaría.*

IMPERATIVO: Modo del verbo que tiene, entre otros usos, el de pedirle algo a alguien con quien se tiene una relación de confianza o determinada socialmente (médico a paciente, jefe a emplea-do...). *Ej.: Traiga.*

INFINITIVO: Forma del verbo que aparece en los diccionarios y termina en -AR, -ER o -IR.

NEXO: Palabra o expresión que sirve para unir (palabras, oraciones, partes de oraciones). *Ej.: Te lo diré* cuando *vengas a casa.*

ORACIÓN: Palabra o grupo de palabras que forma un mensaje completo y correcto. Su núcleo suele ser un verbo conjugado. *Ej.: Espérame. / Espérale hasta que llegue.*

ORACIÓN PRINCIPAL: En una oración compuesta (que es la combinación de varias oraciones), la oración a la que se añaden otras y de la que dependen. *Ej.: Espérale* hasta que llegue.

ORACIÓN SUBORDINADA: La que se añade para completar el significado de una oración principal. *Ej.:* Espérale *hasta que llegue.*

ORACIÓN DE RELATIVO: La oración subordinada que aquí está introducida por "que", "quién", "cual", "cuyo" y tiene las mismas funciones que un adjetivo. Ej.: *Entró un hombre* que medía dos metros. (Entró un hombre *alto*.)

ORACIÓN SUSTANTIVA: La oración subordinada que tiene las mismas funciones que un sus-tantivo. Cuando su verbo está conjugado, se une a la principal por medio del nexo "que". *Ej.:* Se creyó que *China está en América*. (Se creyó *una mentira*.)

SUJETO: Palabra o grupo de palabras que hace cambiar la forma del verbo (singular o plural, forma "yo, tú, él..."). Generalmente representa al agente de la acción del verbo.